JN036644

つながる読書

10代に推したいこの一冊

小池陽慈 編 Koike Yoji

★──ちくまプリマー新書

451

はじめに——本という「扉」

小池《こいけ》陽慈《ようじ》

こんにちは。小池陽慈と申します。あれこれ本を書いたり、予備校というところで現代文の授業をしていたりする者です——なんて退屈な自己紹介は置いときまして、あのですね、私、先日、びっくりするような体験をしちゃったんですよ、ええ。

子どもの頃、私の地元では、「グリンピース」っていう変わり種のジャンケンが流行《はや》っていたんですね。

「グリーンピース！　ぐりん、ぐりん、ぱりん！」
「ぱりん、ぱりん、ちょりん！」

だなんて遊ぶんです。で、なんとなんと先日、この遊びの掛け声を公園で耳にしたんですよ。そりゃ、驚きましたよね……。

「どうして何十年も前に私たちが楽しんだ言い回しが、こうまで正確に——リズムやイントネーションまで——伝わってるんだ！」

文字に書き記されずに、人の口から口へと長い時間をかけて語り伝えられていく物語や神話などのことを、口承文芸と言います。私は、子どもたちのこうした遊びのための言い回しも、立派な口承文芸だと思うんです。

子どもの遊びの言い回し、恋の切なさを歌う歌、あるいは部族の神話や物語——そうした〝言葉で紡がれるものたち〟は、太古の昔、すべて、口伝えで人から人へと、一つの時代から次の時代へと、手渡されていきました。私の知る「ぐりん、ぐりん、ぱりん！」も、そうした遥《はる》かな営みの流れのなかにあるのかもしれないと思うと、なんだか、胸がいっぱいになります。文化って、なんてすごいんだ……と。

けれども、〝言葉で紡がれるものたち〟について考えるうえで、やはり、文字で書かれた書物の存在を忘れるわけにはいきません。口承文芸もすばらしいけれど、書かれた本だって、同じように、すばらしい。これもまた、人の誇る文化です。

例えば、石、粘土、布、木、竹、植物の繊維を加工したもの、いわゆる紙、そして今ではスマートフォンの画面など、人は、文字というものを用いて、物語や、詩や、神話や、歴史や、嘘《うそ》や本当のことや、自分の心の声や、考えたことなどを、星の数ほど書き記してきました。そしてそうしたものの一部は——といっても母数が膨大ですから、その"一部"もまた無限と言っていいほどに膨大なのですが——、本、という形で、私たちのもとに届けられています。

考えてみれば、途方もないことだと思いませんか？

だって、行ったことも見たこともない場所で知らない人の書いたものを、私たちは読むことができる。歴史の教科書に出てくるような偉人や天才たちの言葉を、読むことができる。逆に、時の流れのなかでその名を忘れ去られてしまった人々の言葉にも、触れることができる。それに——人は、本来、他人の心の内側など知ることはできないはずなのに、書かれた文章を通じて、それを垣間《かいま》見ることもできる。たとえ、その人が、もうとっくの昔にこの世からいなくなってしまっていても。

この本の中で、私は、読書猿さんという方と対談をしています（第2部）。

読書猿さんは『独学大全』（ダイヤモンド社）という独学のための本を書かれている人で、学ぶこと、読むことの楽しさや喜びを語る天才なんですね。

読書猿さんは、対談が終わったあと、こんなふうにおっしゃっていました。

ある本を開くことは、それを「扉」のように開き、その本の「向こう側」の世界へ通じる入り口を開くことでもある。

一冊一冊の本が、読書猿さんのおっしゃるように「その本の「向こう側」の世界」へとつながる「扉」であるとするならば、無限と言ってよいほどに膨大な本に囲まれている私たちは、無限の世界へとアクセスすることができるということになります。しかも、その「扉」が本である以上、いま、この場所にいながらにして。あるいは、ソファでくつろいだり、ベッドで毛布にくるまったりしながらだって。

私は、ぜひ、皆さんにも、その「扉」をたくさん押してみてほしい――「扉」という言葉でこの思いを口にするようになったのは読書猿さんとの対談の後からですが、でも、私もまた、同じような気持ちはずっと抱き続けてきました。

だから、その案内人として「ぜひこの人にお願いしたい！」という方々――もちろん、皆さんが、本のプロ、読むことや書くことのプロばかりです――に声をかけたんです。

そして、「若い人たちに是非読んでほしい！」という一冊を紹介してくださいって、お願いしたんですね。それが、この本の第1部、「本のプレゼン」です。

私、今回の企画にあたってお声がけした方々の全員と、つい数年前まではまったくの他人だったんです。それが、SNSや各種のイベントを通じ、こうしてつながった。もちろん、本に対する愛を紐帯《ちゅうたい》として。すごいですね。本は、人と人とをつなげてくれるんですね。第3部「つながる読書」は、そんなことも思いながら読んでいただければ幸いです。

なお、この本は、「こんなのがあったらいいな……」と私がずっと妄想してきたイベントが実際に行われたとしたら……という設定で、プレゼンターの方々に文章を書いていただき、それをもとに何度もやりとりをしながら編集しました。でも、いつか、こんな大会を本当に開けたら嬉《うれ》しいなあ……。

目次

装画・挿絵　須山奈津希
本文デザイン　山田彩子（d・i・g）

第1部

本のプレゼン

本というものが、「その本の「向こう側」の世界」への「扉」であるとするならば――本を書いたり読んだりする仕事に携わる方々は、例えばこれまでにどんな「扉」を押し、何をどう感じたのでしょうか。第1回、「本のプレゼン」大会、開会します。皆さん、お楽しみください！

01

プレゼンター……三宅《みやけ》香帆《かほ》（書評家）

米原万里《よねはらまり》『オリガ・モリソヴナの反語法』

（集英社文庫、2005年）

小池 いよいよ始まりました、〝本のプレゼン〟大会。記念すべきその先陣を切っていただくのは、三宅香帆さんです。三宅さん、こんにちは！

三宅 こんにちは、三宅です。よろしくお願いします。

小池 よろしくお願いします。三宅さん、手短にでかまいませんので、さっと自己紹介のほうをしていただけませんでしょうか。

三宅 はい。あらためまして、三宅香帆です。作家、そして書評家として活動しています。

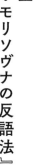

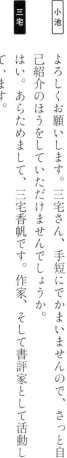

小池　三宅さんの作家としてのご実績と言えば、例えば『人生を狂わす名著50』（ライツ社）、『妄想とツッコミでよむ万葉集』（大和書房）、『推しの素晴らしさを語りたいのに「やばい！」しかでてこない　自分の言葉でつくるオタク文章術』（ディスカヴァー・トゥエンティワン）等々……なんとも精力的にお書きになっている……！

三宅　ありがとうございます！　できるだけたくさん読んでたくさん書いて生きていきたい、と思っているので、そんなふうに言っていただけて嬉《うれ》しいです。

小池　素晴らしい……。そして、三宅さんのご著書のタイトル、今皆さんもお聴きになったように、本当にユニークでおもしろい。私もお世話になっている笠間書院さんからは、『（読んだふりしたけど）ぶっちゃけよく分からん、あの名作小説を面白く読む方法』という本も刊行なさっています。皆さん、めっちゃ読んでみたいでしょ？　こんなタイトルの本、おもしろくないわけがない……！

三宅　ありがとうございます！

小池　でも、こうしたタイトルからすると意外かもしれませんが……と言ったら失礼かしら……すみません。三宅さんの書かれる本や文章って、かなり本格的。おもしろおかしく読めるように書かれながら、根っこのところには、しっかりとした学問がある。それもそのはず、京都大学の大学院を修了なさっていて、現在は、大学の教壇にも立っていらっしゃるんでしたよね？

三宅　はい。大学では万葉集について研究していて、博士後期課程まで行って中退しました（笑）。会社員生活を経て、今は京都市立芸術大学でプロダクトデザインを学ぶ学生さんたちに非常勤講師として教えています。授業内容は、作品を通してものを伝える技術や、発信する時の言葉や表現についてですね。

小池　すごいなぁ……。硬軟どちらもいける。言うなれば、ランディ・ジョンソンのように剛速球を投げることもでき、ウェイクフィールドばりにナックルボールも超一級品……。

三宅　……すみません、例えがわからないです!!

小池　あ、ごめんなさい。ランディ・ジョンソンっていうのはかつて大リーグで

三宅　大活躍した投手で愛称はビッグ・ユニット（以下略）（笑）。でも私もいろいろなもののオタクなので、まくしたてたくなる気持ちはわかります！　普段は文芸、少女漫画、宝塚、女子アイドルのオタクです。なので、小池さんの熱い気持ちは伝わってきましたよ！

小池　おお、文芸……！　そういえば、ご著書の『文芸オタクの私が教える　バズる文章教室』（サンクチュアリ出版）も評判が高いですよね。

三宅　ありがとうございます。たくさんの方に読んでもらえて、文芸オタク冥利につきます。文学沼にみんなおいでよ〜という気持ちで普段本を書いているので、たくさんの方に文学を好きになってもらえると嬉しいです。

小池　というわけで、そんな本のプロ、そして〝文芸オタク〟でいらっしゃる三宅香帆さんに、〝推しの一冊〟を紹介していただきます。三宅さん、よろしくお願いいたします！

子どもの時くらい大変な時代なんて、ないです。二十九歳になったいま、わたしがプレゼンを聞いているあなたに、それがいちばん伝えたいことです。

子ども時代が、いちばん大変です。大人なんて、子どもに比べれば楽なものですよ。本当に。子ども時代が、人生のなかでいちばんシビアでシリアスでしんどいです。いつの時代も子どもよりシビアな世界に生きてる大人なんているわけがありません。

「えっ、じゃあなぜみんなしんどい子ども時代に耐えられるの？」と聞かれたら、それは単に「初めて」だからだよと言いたくなります。初めてだから、勝手もよくわからず、人生ってこういうものかなーと受け入れているだけなんですね。

そう、だからこそ、絶対に大人になれば楽になります。今よりも、ずっと。

それだけは忘れないでくださいね。

しかし大人はみんな「子ども時代がいちばんしんどいよ」なんて声高に言いませんね。

なぜでしょう。それは大人がみんな、子ども時代のシリアスな感情を忘れているか、あるいは子どもに大人が楽していることを隠したいか、どちらかが理由です。どちらにせよろくなもんではないですね！　なのに、わたしたち大人は、賢いふりをして、子どもに本を勧めたがります。

なぜでしょうか。それは他でもない、「十代のうちにこの本を読んでおきたかった」という後悔が存在するからです。

いいですか、大人が子どもに本を勧めたがるのは、大人が賢くて本をたくさん読んでいるからじゃないです。大人が「うわーこの本は、もっとしんどい思いをしていた十代のうちに読んどくべきだった」と後悔しているからです。

シビアでシリアスでしんどい時期にしか、沁《し》み入ってこない、物語がある。

そういう意味で、わたしは、ろくなもんではない大人なりに、「十代のうちに、自分に傷をつける本を読めて良かったな」と感じているのです。

具体的に言いましょう。今、わたしの話を聞いているあなたに、わたしは『オリガ・モリソヴナの反語法』という小説をおすすめしたいです。

本書は、わたしにとってはものすごく自分の心に傷をつけた小説でした。

しかしだからこそ、大好きで忘れられない読書体験になったのです。

ああ神様！　これぞ神様が与えて下さった天分でなくてなんだろう。長生きはしてみるもんだ。こんな才能はじめてお目にかかるよ！　あたしゃ嬉しくて嬉しくて嬉しくて狂い死にしそうだね！

この小説の書き出しは、こんな発言から始まります。

信じられないくらい誰かを褒めているかのように思える、この発言。タイトルにもなっているオリガ・モリソヴナの言葉です。

ソビエト時代のプラハの学校に勤める彼女は、音楽教師でありながら、ダンサーとして一流。本書の語り手である志摩は、生徒として、彼女の踊りに魅了されます。

オリガ・モリソヴナは以下のように続けます。

そこの驚くべき天才少年のことだよ！　まだその信じ難い才能にお気づきでないご様子だね。何をボーッと突っ立ってるんだい！　えっ!?

そう、彼女の言葉は「反語法」。

学校の授業で反語法の意味を習った方ならわかるかもしれません。

反語法とは、伝えたい意味から真逆の言葉を伝えること。つまりたとえば彼女が「驚くべき天才少年」と褒めたたえる時、それは「驚くほどにバカな少年」と罵倒《ばとう》したのです。だから「何をボーッと突っ立ってるんだい」と叫んでいるわけですね。

彼女はバレエを教える際、罵倒に次ぐ罵倒を生徒に叫びます。もしかすると、あなたは本書を開いたとき、最初その罵倒っぷりに驚くかもしれません。パワハラでは？　と思うかも。しかし大丈夫です。オリガ・モリソヴナが反語法を使うのは、ちゃんとした、ある理由が存在するから。

そう、本書はオリガ・モリソヴナの言葉をめぐる物語なのです。なぜ彼女は反語法を使うようになったのか？　そこには実は、ロシアで壮絶なスターリン時代を生きるための秘密があったのです。

大人になった志摩はモスクワで、その秘密を探ってゆくことになります。その秘密については、ぜひ小説のページをめくって確かめてみてくださいね。

ロシアが昔、ソビエト連邦と呼ばれていたことはご存知でしょうか。

本書では、スターリンという指導者がやったことが具《つぶさ》に描かれています。ナチスのユダヤ人弾圧ほどは有名ではないかもしれませんが、スターリンの政治的弾圧もまた酷《ひど》いものでした。強制収容や移送、連行はもちろん、思想的締め付けや取り締まりは過酷という他ない状況だったのです。

作者の米原万里さんは本書に収録された対談でこう語っています。

「敵の兵士を殺すより前に、ジャーナリストを殲滅《せんめつ》せよ」

という思想がロシアにある、と。

つまり、国の外にいる敵よりも先に、国の中にいる「反対意見を述べそうな人間」を片っ端から殺していけ、というわけですね。すごいことを考える人がいるもんだなと、なんだか現実味がなく思えてしまいますが、これはまさに現代で起きているウクライナ戦争の問題にも通じていることです。そして現代の日本でも、同じような事態にならないとは言い切れない。

わたしたちは、想像以上に簡単に、自分の言葉をつくることを奪われてしまうのです。『オリガ・モリソヴナの反語法』を読んでいると、民衆の言葉と健康を奪おうとする政府のもとで生きることがどれだけ過酷か、思い知ります。しかしそのなかでも、自分の生き方を見失わなかった人たちも本当にいるのだと、理解するのです。

わたしがこの本を読んだのは、大学一回生のときでした。衝撃を受けたのは、たぶんこの本が、芸術を愛しながら生きた人の話だったからです。たとえばソビエトのラーゲリ収容所にいた女性は、作中、こう語ります。

人文系や芸術系など、収容所には必要とされない教育を受けた女たちはずいぶん辛《つら》い目にあった。多くの者は、日干し煉瓦《れんが》造りに動員された。

そうなのです、芸術を愛しているからこそ、国家からはいらない人間だとされ、むしろ反逆しそうだという理由から、過酷な目に遭わされるのです。

何も悪いことをしていない。単に、芸術を人よりも愛しているというだけで。

しかし文化や芸術とは人間讃歌《さんか》そのものです。あらゆる人間の尊さを表現する――時には毒も含めて――それこそが文化や芸術です。そんな人たちが、人間のこの世でもっとも酷い面を見せられることになる。

スターリン時代の大粛清の話を読むと、人間はここまで他人を家畜のように扱うことができるのかと驚きます。しかしそんな時代に、オリガは舞踊を身につけ、そして踊り続ける覚悟を決めるのです。それはどのような覚悟なのか。

どんなに酷い目に遭っても、芸術を愛する人間は、人間というものを肯定できるのでしょうか？

オリガ・モリソヴナの生き方を読みながら、わたしは心底そんな問いを考えていました。いまだにその答えは分かりません。人生は普通に生きようとするだけで辛いものだし、苦行です。

楽しい瞬間があっても大抵それは一瞬で過ぎ去って、あとは面倒でしんどい日々が続くだけです。

それでも、芸術は、そんな人生を肯定しようとする。

オリガ・モリソヴナはどんな舞踊も差別せず見事に踊ってみせます。ロシアの踊りだけでなく、ポーランドのマズルカ、ウズベキスタンのフェルガナ、ハンガリーのチャルダシュ。浮世離れした服装で、年齢不詳、経歴不詳のオリガは、どんな舞踊も踊れる天才ダンサーです。

しかしそれは、オリガの覚悟した生きる道でした。

どんな世界であっても、自分の愛するダンスを守って生きてみせると決意する。

それは、人間が芸術と共に生きる困難さと美しさそのものです。

人間が人間の尊厳を大切に扱わないさまを読むのは、小説といえど、傷つくかもしれません。こんなにも酷い環境があるのかと、胸が痛くなる。

しかしわたしは、そういう傷つく読書はたくさん必要だと思っています。

傷つかないフィクションに何の意味があるでしょう。もちろんフィクションに、癒やされたり元気をもらったりすることもたくさんある。だけどそれ以上に、わたしたちは、現実よりももっと深く自分の心を突き刺してくれる、そんな物語に触れることを求めているのです。

それはむしろ、現実で致命傷を負わないための、予防注射のようなものかもしれません。

現実は過酷で、世界はタフな場所である。それを若い頃教えてくれるのは、学校の授業でも友達との関係でもなく、わたしは物語だと思っています。

物語を通して、擬似的に傷つくからこそ、しんどい現実を乗り越えられる。だってすでに物語を通して、少しだけ、強くなっているから。

『オリガ・モリソヴナの反語法』は、そういう意味で、わたしたちを正しく傷つけてくれる本です。こんなにも人間は酷い目に遭うことがあるのかと、たいして遠くない過去、遠くない土地で、本当にこんなことがあったのかと、胸が痛くなる。けれどそれを知らないより、知っていたほうが、ずっといい。

オリガ・モリソヴナの人生を知っている人生のほうが、ずっと、いい。


たくさん傷ついて、そしてたくさんのことを知りましょう。それが本を読む意味だから。ろくでもない発言かもしれませんが、わたしは心底そう考えています。

あなたの将来に少しでも致命傷が残らないように。本を通して傷ついてほしいです。

子ども時代なんて、シリアスでシビアでしんどくて、本当に辛いものですが。しかしそんな時代だからこそ、傷つく読書ができるのも、きっと今のうちなのですよ。

02

プレゼンター……宮《みや》崎《ざき》智《とも》之《ゆき》（エッセイスト）

さくらももこ『ひとりずもう』

（集英社文庫、2019年）

小池　次なるプレゼンターは、エッセイストの宮崎智之さんです。宮崎さん、こんにちは！

宮崎　こんにちは！　よろしくお願いします。

小池　宮崎さんは、現在、「文學界」や「週刊読書人」に書評や評論を載せるなど、文学の仕事を多く手がけていらっしゃいますよね。もう、本当に大活躍！

宮崎　ありがたいことです。

小池　そして宮崎さんを語る上で欠かせないのは、やはり『平熱のまま、この世界に熱狂したい──「弱さ」を受け入れる日常革命』（幻冬舎）、あるいは『モヤモヤの日々』（晶文社）などのエッセイ集。私、ひと時は『モヤモヤの日々』をめくりながら眠るのが日課になっていました。

宮崎　うれしいです。

小池　宮崎さんのエッセイって、何気ない日常を素朴に描いたかのような文章なのですが、実は、言葉の選び方とか、文の連ね方とか、とても緻密《ちみつ》だと感じます。

宮崎　私の読書の原体験は詩なので、言葉に対するこだわりというのは、確かにかなり強いかもしれませんね。大学の卒業論文も、詩人の中原中也をテーマに選びました。

小池　詩と言えば、何しろ小学二年生のときに、宮崎さんはあの名作、「人間」をお書きになっていますからね！

人間

にんげんは、
いろいろ
やって。
くたびれる
（『モヤモヤの日々』より）

宮崎　うーん……天才的！

小池　あらためて、我ながら句読点の打ち方が自由ですね（笑）

宮崎　確かに「うふふっ」て小さな笑いも漏れるんですが、でも、何か、「……！」って気づかされるところもある。冗談抜きで、私、この詩って、実は宮崎さんのエッセイを象徴するような作品だと思うんです。私、とても好きだなぁ。

宮崎　「人間」という詩についてはさておき（笑）、詩は今でも、本当に好きです。これまでに読んできた無数の詩が、体の芯《しん》に沁《し》み込んでいる。もちろん、

小池　小説も、です。ただ、やはりエッセイなんですよね、エッセイ。エッセイは今、確実に、キてるんですよ。

宮崎　ということは、今回紹介する〝この一冊〟も……？

小池　エッセイ、ですね。エッセイ読みで、自らもエッセイストでいらっしゃる宮崎智之さん。そんな宮崎さんが十代に向けて選んだエッセイとは、果たして一体……？　それでは宮崎さん、よろしくお願いいたします！

読者の皆さんは、今、青春を謳歌《おうか》しているでしょうか。それともぐうたらした日々を送っているでしょうか。もしかしたら、友達がいなく、孤独な気持ちに打ちひしがれる日々を過ごしているかもしれません。

僕はというと、中・高校生の頃はバスケットボールに打ち込んでいました。しかし、最初はスターティングメンバーだったのが補欠に落とされてしまったり、怪我《けが》をして練習ができない日々が続いたりと、どちらかというと挫折《ざせつ》した経験ばかりが思い出されます。恋愛もちっともうまくいきませんでした。高校時代、恋人と一緒に手を繋《つな》いで学校から駅までの道を帰る同級生たちを、それはもううらやましい気持ちで眺めていました。高校時代に好きだった人にも、結局、告白できずじまいでした。

そんな鬱屈《うっくつ》した時期を支えてくれたのが読書でした。本を読んでいるときは、現実とは別の世界に行くことができました。「本ばかり読んでいないで友達と遊びなさい」とお説教してくる人も、この世の中にはいるかもしれませんが、あれは嘘《うそ》です。嘘ですというか、少し間違っています。

なぜなら、現実の友達と同じく、本も友達なのですから。本はいろいろなことを語りかけてくれます。ときには、こちらの話も聞いてくれます。嘘だと思うなら、今回のこの本のプレゼンを通して気に入った一冊を見つけ、何度も読み返してみてください。連続して読んでもいいし、十年くらい間をあけて読んでみてもいい。その時々で、本は違った表情を見せてくれます。違う表現で話してくれます。そして、同じ内容を読んでいるはずなのに、まったく別の感想を抱くときもあります。お互いを知り尽くしてからも付き合っていくのが、本当の友達ですよね。本はそういう存在です。

というのも、本は取扱説明書とは違うからです。つまり本に書かれているのは「情報」ではないのですね。もし、本に書かれているのが「情報」なら、一度読んで理解して終わりということになります。しかし、本は友達なのです。友達だから、その人のことを理解したからといって、サヨナラするわけではない。むしろ、現実の友達は、理解してからが本番のはずです。大いに語り、ときに喧嘩《けんか》し、それでも一緒にいようとする。

さて、話を「青春」に戻しましょう。僕は今、四十一歳なのですが、自分の経験や周りの人にいろいろ聞いてわかったのは、青春は青春の真《ま》っ只中《ただなか》にいるときには、今が青春だと気づかないということでした。青春は、後から振り返って、「ああ、あの時は青春だったのだなあ」と気づくタイプのものです。そんなふうに、後から振り返って青春をリアルに描いた本に、さくらももこさんの『ひとりずもう』（集英社文庫）があります。

さくらさんと言えば、アニメ化もされている『ちびまる子ちゃん』『コジコジ』などで有名な漫画家ですので、知っている人も多いのではないでしょうか。『ちびまる子ちゃん』の主人公であるまる子は、さくらさんの小学生時代を投影してつくられたキャラクターで、物語もさくらさんの生まれ故郷である静岡県清水市（当時）が舞台です。さくらさんの幼少時代にあった出来事などを、フィクションを交えながら面白おかしく描いた作品です。『ひとりずもう』は、主に中・高校生になったさくらさんの青春が、エッセイという形式で綴《つづ》られた誰もが読みやすく楽しめる一冊です。

エッセイとは、小説とも論文とも違う散文作品（詩や俳句などとは違う普通の文章のこと）です。日本では随筆とも呼ばれ、自由な形式で身の回りに起こったことや、考えたことを文章で表現します。僕は父親の影響で、幼い頃から中原中也などの詩集に親しんでいました。しかし、それは主に父親が読み聞かせてくれるものだったので、自分の意思により「大人の本」――わくわくする物語を描いたような、児童文学とは違う本を一冊まるごと読んだのは、さくらさんの『もものかんづめ』というエッセイ集が初めてでした。「物語がない文章なのに、こんなにすらすらと読めて面白いなんて！」と驚いたものです。ちなみに、日本には清少納言の『枕草子』、鴨長明の『方丈記』、吉田兼好の『徒然草』という日本三大随筆と呼ばれるものがあります。皆さんも学校で習ったと思います。後ほど詳しく書きますが、さくらさんは「現代の清少納言」と呼ばれました。漫画家として有名でありながら、さくらさんは一流のエッセイストでもありました。

そんなさくらさんが二〇〇五年に出版したのが『ひとりずもう』です。僕は二〇〇四年に大学を卒業して社会人になったので、この素晴らしい青春エッセイ集を残念ながら大人になってから読みました。それでも今まで十回くらい読み返しています。この本は僕の親友なのです。この本を読むと、いろいろなことで悩み、迷っていた、また無限の夢を抱いていた中・高校生時代のことを思い出し、初心に帰ることができます。

『ひとりずもう』がさくらさんの青春を描いた作品だからといって、身構えることはありません。炎のように情熱がみなぎり、キラキラした青春物語が繰り広げられる……というタイプの本ではないからです。『ちびまる子ちゃん』のときと比べると大人になったさくらさんは、女性としての身体の成長に違和感を抱くといった、思春期特有の悩みを抱えています。お洒落《しゃれ》に目覚めたり、東京に憧《あこが》れて行ってみたりもします。

通学途中に見かける男子に一目惚《ぼ》れをし、勝手な妄想を膨らませたりします。

だけど、そこはやはりさくらさんです。ずっとぐうたらなのです。有名な漫画家さんなのだから、さぞかし青春時代に努力したのだろうと思うかもしれませんが、途中までは普通の中・高校生として、ぐうたらと過ごしていました。高校では物理部に入ったものの、その理由はクラブ活動が学校で一番ラクで、何もしなくていいというものでした。唯一、クラブ活動で興味を持ったアマチュア無線の免許も、勉強をサボり講義では眠る始末。なんとか合格した後も、無線機のスイッチの入れ方すらよくわからず、せっかく無線が繋がっても恥ずかしくて逃げ出してしまう。

ぐうたらを極めに極めたさくらさんが漫画家になるために努力しようと心に決めたのは十七歳、高校二年生の三学期が終わろうとしている時期でした。妄想だけが暴走していた一目惚れの夢から一気に覚め、そのことを考えながら湯船に浸《つ》かっていたさくらさんは、こう思いました。

そんな事よりも、もう三学期が終わるというのに、私は何もしていない事に気づき、ハッとした。

高校二年生の三学期が終わるという事は、高校に入って二年間分の月日が終わるという事だ。私はこの二年間というもの、何もしない青春を本当に送ってしまった。今までは、何もしない青春でいいじゃないかと思っていたが、高校生活は残りあと一年しかない。

私は、小さい頃からずっと〝高校生になったら、漫画を描いて投稿しよう〟と思っていた。高校に入る直前の、中学三年生の時までそう思っていた。

なのに、高校へ入ったとたん一気に志を忘れ、何もせずにヘラヘラと毎日を過ごし、あっという間に二年間も過ぎてしまったなんてこれじゃあんまりお粗末すぎる。うっかりしていたら残り一年も、何もしないまま過ごしてしまうところだった。

気がついて良かった。私は漫画家になりたい。高校を卒業する前に、漫画家になれるかどうか試してみたい。それをやらなきゃ、私の高校生活は全く意味が無い。

片想いの終わりと共に、自分自身への挑戦がやってきた。もうくだらない夢を見ている場合じゃない。まずは明日、紙とペンを買いに文房具屋へ行くべきだろう。

近所の文房具屋が、将来への第一歩だ。


はじめは家族にも、「漫画家になんてなれっこない」と馬鹿にされていたそうです。実際に最初に雑誌に投稿した正統派少女漫画は、評価されませんでした。しかし、それでもさくらさんは漫画を描きました。必死に描き続けました。だらけてばかりいたさくらさんとは、もう別人です。

……そんなもの目指してもムダだ、やめた方がいい等と家族以外の親戚《しんせき》の人にまで言われたりしたが、大きなお世話だった。素直にやめたとしても、誰も私の人生の責任なんてとってくれない。他の人の人生じゃない、私の人生なんだ、と誰かに何か言われるたびに強く思った。

まさに、その通りですね。親や親戚といえども自分の人生の責任を取ってくれるわけではありません。自分の将来の夢を代わりに叶《かな》えてくれることはない。でも、逆に言えば夢を諦めさせることもできないのです。

もちろん、挫《くじ》けそうになったことは幾度もありました。しかし、ふとしたきっかけで転機が訪れます。キーワードは先ほど説明した「エッセイ」です。高校三年生の夏休み、さくらさんは短大の推薦入試のために、模擬作文のテストを受けます。作文は得意だったため、気軽な気持ちで受けたそうです。すると、その作文がものすごく褒められた。評価欄には、「エッセイ風のこの文体は、とても高校生の書いたものとは思えない。清少納言が現代に来て書いたようだ」とまで書かれていたそうです。そのとき、さくらさんは生まれて初めて

「エッセイ」を意識するようになりました。そして、エッセイ風の漫画を描こうと決心したのでした。

そうしてさくらさんの漫画は雑誌の投稿でも評価され、何度も入賞するようになり、デビューを果たしました。エッセイは、本の中でも特に繰り返し読むことができるジャンルだと思います。『ちびまる子ちゃん』も、エッセイ風の漫画だから、何度も読んで楽しめるのかもしれません。

「あれから二十年以上経《た》つが、私は未《いま》だに自分が作家になれた事が信じられないし、作家だという事がうれしい」と、さくらさんは本の中で振り返っています。僕は、『ひとりずもう』を、大人になる前に読める皆さんが、うらやましくて仕方がないです。この本に、もっと若い時期に出会えていたら、どれだけ励まされたことか。勇気づけられたことか。

しかし、僕も紆余《うよ》曲折を経て、子どもの頃からの夢だった文章を書く仕事に今は就けています。文章を書くことが仕事になった後も、『ひとりずもう』は僕の大切な親友です。何度も何度も会話し、青春時代（僕もかなりのぐうたらでした）を思い出したり、笑い合ったりしています。

さくらももこさんは、二〇一八年八月十五日に亡くなってしまいました。さくらさんが遺《のこ》してくれた僕の大切な親友と、皆さんも親友になってくれますように。さくらさんもこの本の「あとがき」で書いていますが、夢は必ず叶うとは限りません。でも、夢を追って努力し、悩んだ時間はかけがえのないものなのです。そんなことを教えてくれる一冊です。

03

プレゼンター……安《あ》積《さか》宇《う》宙《み》（研究者）

金《キム》満《マン》里《リ》『生きることのはじまり』

（ちくまプリマーブックス、1996年）

小池 続きましては安積宇宙さんです！ 安積さん、よろしくお願いいたします！

安積 こんにちは。安積宇宙です。「宇宙」と書いて、「うみ」と読みます。

小池 素敵な名前ですね。

安積 ありがとうございます。ところで小池さん、どうして今回、この企画に私を指名してくださったのですか？

小池 ずばり、ファンだからです！ もちろん、安積さんのご著書『宇宙のニュ

安積　ージーランド日記』(ミツイパブリッシング)の。いや、ほんと名著ですよ。

小池　照れますね(笑)　でも、嬉《うれ》しいです。よろしければ、どんなところがよかったのか教えていただけませんか?

安積　そうですね……まず大前提として、『宇宙のニュージーランド日記』の軸の一つは、安積さんが生きてきたご自身の障碍《しょうがい》であると思うのですが……。

小池　ですね。私は、母の体の特徴を受け継ぎ、骨が弱く車椅子を使って生活しています。そうした自分の体を通じて経験してきたさまざまなことが、今の私を形作っていることは確かです。大学も社会福祉士学部を卒業し、今は、障碍を持つ人にまつわるさまざまな経験を研究するドナルド・ビーズリー研究所で研究員として働いています。

安積　ドナルド・ビーズリー研究所は、ニュージーランドにあるんでしたよね。

小池　はい。大学も、ニュージーランドのオタゴ大学でした。ちなみに学生時代は、いろんなボランティアに挑戦してみたり、留学生の代表としての仕事もさせていただきました。

小池　すごい！　いや、まさに、そうした生き様というか、ご自身の頭、心、体で、考えたり、感じたり、動いたりしながら運命を切り開いていく安積さんのパワーというか、意志というか、そうしたものに溢《あふ》れるのが、『宇宙のニュージーランド日記』の何よりの魅力なんですよね。今回、どうしても、あのような名著をお書きになった安積さんに、十代の若者たちに向けて本を紹介してもらいたかったんです。

安積　私は、〝人は人とのつながりの間で生きる〟ということを、人生のモットーとしています。今回紹介する本も、私にとって大切な〝つながり〟をもたらしてくれた一冊です。それではプレゼンを始めさせていただきます。

本を読み終わった時に、「あぁ、生きるヒントがここにある」そう感じたことはあるだろうか。私にとって、金満里さんの半世紀の自伝『生きることのはじまり』は、そういう本だ。
本の出だしから、満里さんは、こう語る。「私の生い立ちには、徹頭徹尾、普通ということが何一つない。かなり変わった存在である。」そして、満里さんのすごいところは、その変わった生い立ちと同じくらい変わった生き方をしてきたことだ。

この本についてもっと話す前に、少し私自身のことを話したいと思う。私は骨が折れやすいという障碍[1]を持って生まれ、身長は一二四センチ。小さな頃は一年に一回以上、ちょっとしたことで大腿骨《だいたいこつ》という太腿《ふともも》の骨を折った。体の中で一番太い骨なので、折れるのにも時間がかかるし、全く動けなくなるし、とても痛い。でも、私にとって一番の痛みは、骨が折れることではなく、周りの人との関わりの中で感じる悩みだった。私は人との出会いや人と関わることが好きだけれど、同時に、相手に気を遣ったり、気に入られたいと思ったりすることで、自分の気持ちを置いてきぼりにしてしまうところがあった。最初は、自分の気持ちを置いてきぼりにしていることすら気づかず、だんだん時間が経つうちに、辛い気持ちが重なって、関わることが痛いと感じるようになっていった。だけど、私はこの本を読むことで、痛い気持ちをなかったことにしないで、向き合うことで、痛みを乗り越えられるかもしれないという勇気を得た。

話を本に戻そう。満里さんは、朝鮮の古典芸能の伝承者であるお母さんの十人目の子どもとして生まれてきた。幼い頃は踊りが上手で、お母さんから自分の後継ぎに、と思われていたらしいのだが、三歳の時にポリオという病気にかかり、それから体に麻痺《まひ》が残って障碍児になった。

満里さんが子どもの頃は、障碍がある子が学校に行くというのは難しい時代で、家にいると学校に行けないということを心配したお母さんは、満里さんを施設に送った。そこでは、「何をするにも許可が必要な、規則に縛られた集団生活」が待っていた。何十人もの障碍を持った子どもたちに対して、数人の職員という状況で、一人ひとりに見合ったケアというものは全くなく、「職員の機嫌しだいでその日の自分の処遇が変わるというのが現実」だった。そんな中、障碍が重い子どもたちは、トイレや着替えや食事といった身の回りのことを後回しにされる現実があった。それによって体調が悪化し、痩《や》せ細って病院に入院したまま、帰ってこなくなる子たちもいた。そんな中、施設の職員の対応や態度のひどさに対して、反感をもつのではなく、そのひどさに自分の気持ちも影響されて、ひどい扱いを受けている子に、自ら見下すような態度をとってしまったことについて、満里さんはこう語る。

……自分も含めて人間の心理というものを考えるようになった。それは、善も悪も別々に存在するのではなく、一人の人間の中に同時にあるのだ、ということだった。良い人と悪い人がいるのではなく、一人の中に両方が存在する。たまたまその時にどちらかが出るだけで、絶対的に善い人なんていない。特に極限状態では、悪の部分が出るほうが自然であり、本音なのだ。

だからこそ、ふだんからこの本音を見つめていかないと、人間として弱くなる、と思った。自分の中にも弱さや悪の部分がある。それに目をつぶって見ないふりをしていると、かえって知らず知らずのうちにその部分にひきずられてしまうのだ。逆にそのぎりぎりの本音をみつめていくことで、何か問題に直面した時、本当の極限状況におかれた時、自分の中の弱さにひきずられずに、本当の意味での自分の「選択」をすることができる。そうでなければ、自分でそれと意識できないままに「自分がどうしたいか」ということより、その場の強い力に流されることを優先し、結果的には自分の不本意に終わってしまう。それでは後悔するだけだし、後に悶々《もんもん》とした嫌な気分が残るだけだ。私は自分の気持ちに正直になろう、と思った。

満里さんのいう「弱さ」や「悪の部分」とは、障碍が重い子たちが不当に扱われているのに対して、おかしいと言わず、それをしょうがないと受け入れてしまうことだった。さらには、そのひどい扱いに加担して、自らも侮辱するような態度をとることだった。施設の職員に対して、子どもの立場で、おかしいことに抗議をする「選択」を求めるのは、なかなか過酷だと思う。だけれど、満里さんのこの気づきからはむしろ、人は自分に不利な状況であろうと、おかしいと表現することができるという人間への信頼を感じる。同時に、「悪の部分」をきちんと自分で認識していないことが、おかしなことに目を背けてしまうことに繋《つな》がるのだと思う。自分に「悪の部分」があると認識することは、自分という存在全てが「悪い」と受け入れることではない。むしろ、認識することによって、その「悪の部分」ではないところから、行動することができるようになるのだと思う。

私はクラスの中でちょっと変わった子と仲良くなることがよくあった。でも、周りの同級生たちがその子の陰口を言っているのを聞いた時に、何も反論しないことがあった。心にモヤモヤが残ったけれど、何も言わないことで、穏やかに過ごしたかったのだ。だけど、それはまさに私の「悪の部分」で、それを見ないようにしていることで、余計に人間関係に疲れを感じるようになってしまった。

さらに、満里さんは人との関わり方についてこう語る。

人間のエゴを受け止めざるをえない、こうした環境の中で、私は、「傷つける」とか「傷ついた」という言葉が大嫌いな、冷めた思春期を迎えていた。

「傷つける」あるいは「傷ついた」という言葉は、一見、人の心を気遣っているようで、その実、そう言うだけでわかったような気にさせる、実体のない、人を酔わす甘い言葉だと思った。本当に人間が負う〈傷〉というのがあるとしたら、そんな甘い言葉で表現できるようなものではない。実際、私たちが生きていたのは、そんな言葉が通用するような世界ではなかったのだ。

そんな中で私は、人を傷つけても言わなければならないことはあるはずだし、本当の友人関係を作ろうと思えば、むしろそれは避けては通れないはずだ、と思った。

私はこの文章を読んで衝撃を受けた。今まで私は自分も傷つきたくないし、周りも傷つけたくないと思ってきた。だからこそ、嫌なことやモヤモヤすることも黙っていたことばかりだったけれど、満里さんの経験から、自分の本心を話すことで、相手が一時期に傷ついた気持ちを持ったとしても、そうやって向き合うことによって、さらに深い信頼関係を結ぶことも可能なのだと、気づかされた。

満里さんが人とこうして向き合えるのは、徹底的に自分とも向き合ってきたからなのだと思う。この世の中には、「障碍はないほうがいい」という考えが、深く根付いている。例えば歩けない体を持って生まれてきたら、まず、社会から「あなたの体はよくない」と言われる。なるべく歩けるようにと、リハビリや治療をされることが多い。満里さんも、施設の中で、「障碍」が「治る」とか「よくなる」と言われて訓練をさせられていた。そんな中、満里さんは「自分が頑張って訓練したとしても、歩けるようになるとはどうしても思えない」という真実に決着をつけようと、ある日施設の先生に、「先生、私は訓練すれば、本当に歩けるようになるの？　無理だったら、はっきりと教えてほしい」と聞いた。

その先生は、言葉をつまらせながら、「真正面から「無理やろな」」と答えた。それを聞いて、満里さんは、涙が溢れ出して止まらなかったそうだ。そして、それからは、自分に嘘をつきながら訓練をしなくてよくなったけれど、同時に、自分の体が健常者に近づくことがないということもはっきりした。その中で、

……私がこれからも重度障害者として生きていかなければならないのに変わりはない。ということは、私にとって障害者であるということを抜きには、これからの人生もないということだ。それなら、障害者のことを考えていけるような、運動のようなものを避けては、これからの私の生き方もないのではないか

と思ったそうだ。

奇《く》しくも、満里さんの予想は当たり、満里さんは施設を出たあとに青い芝の会という運動体に出会う。その会は「障害者が親でもなく施設でもなく他人である介護者に支えられて一個の主体として生活する」ことを「自立生活」として、その実現を一つの目標としていた。

満里さんはこの運動に出会い、今までの施設での生活や、それ以外の差別を受けた経験も、自分のせいではなく、社会に問題があるということを知った。そして、「このことに気づき、怒りを持ったことが、私の生きる大きな力となった。」

泣いたり怒ったりすることは、人前で見せてはいけないものとされているけれど、満里さんの経験を読んでいると、気持ちを表現することは、よりよく、自分らしく生きるための力なのだと感じる。その後、満里さんは、今よりももっと障碍を持っている人が街に暮らすのが珍しい時代に、実際に一人暮らしを始めた。それだけではなく、世界で初めて、障碍を持った人たちだけの「劇団「態変」」を立ち上げた。満里さんのこの原動力のもとには、自分を見つめ、感じている気持ちに嘘をつかないという意思がある。

満里さんのこの本が出版されたのは、私が生まれた年の一九九六年で、それから二十七年も経っているけれど、いまだにこの「障碍がないほうがいい」という考え方は、根強く残っている。私が冒頭に書いた、人と関わる時に生まれる「痛み」は、この考えが深く影響している。私は自分の存在や障碍のことを「悪い」と思っていないが、どこかで、自分が相手に負担をかけているのではないかと心配になることがある。同時に、相手から負担を感じた時に、一緒にいるのが辛くなってしまうことがあった。だけど、「負担をかけるのが悪い」という考えは、「障碍がないほうがいい」という考えにもつながってしまう。差別はよくないと多くの人が認識するようになった今でも、この障碍者差別はなかなかなくならない。だけど、人は誰だって、周りに「負担」をかけることがある。それは「負担」ではなくて、生きる上で「当然のこと」というのが、満里さんの自分が障碍者であることを受け止めてきた生き方の原点にあるように思う。満里さんの自分に嘘をつかない生き方に、私は、自分らしく生きていいんだと背中を強く押された。

＊＊＊

1　障がいという文字は、「障害」と書かれることが多いけれど、「害」という文字は、障がいが悪いというメッセージを送ってしまうことがある。それを避けるために、ひらがなで「障がい」と書く人もいる。でも、ここでは、障がいを持つ個人に「害」があるわけではなく、障がいを持っていることで、社会の壁にぶつかることが「害」なのだ、ということで、「壁」という意味を持つ「碍」を使う。

※　なお、本書は現在品切れ中だが、二〇二四年春に人々舎より復刻版が刊行予定とのことだ。

04

プレゼンター……藤《ふじ》本《もと》なほ子《こ》（編集者・美術家）

小《お》川《がわ》てつオ『このようなやり方で300年の人生を生きていく［新版］あたいの沖縄旅日記』（キョートット出版、2023年）

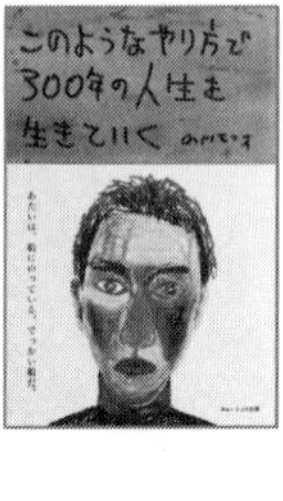

小池　続きまして、本の編集者として活躍なさっている藤本なほ子さんです！

藤本　こんにちは、藤本です。小池さん、お久しぶりです。

小池　お久しぶりです！　拙著刊行の際には、本当にお世話になりました……。国語辞典や百科事典などの編集を手掛けていらっしゃる藤本さんのご指摘やご助言がなくては、書き切ることは絶対に不可能でした……。

藤本　いえいえ、編集していて私も面白かったです！……大変でしたが（笑）

小池　えへへ……。ところで、藤本さんは高校を中退なさっているとか。

藤本　そうなんです。三か月くらいしか行ってません。でも家を出るために大学に入ろうと思い、予備校に入ったら勉強が面白くて、ハマりました。結局大学も中退してしまったんですが（笑）。今回ご紹介する本の著者も、学校が嫌いでハミ出していった人です。

小池　そうなのですか！　どのような本なのか、めっちゃ楽しみです！

藤本　……書き出しのところ、ここで読ませてもらっていいですか？

小池　もちろん！

藤本　では……。

1989
12/23

あたいは、船にのっている。でっかい船だ。

でも、乗るまでが大変だった。沖縄で似顔絵描きをやるために看板をつくったり、また、表「営業中」裏「準備中」という札を買うために遠出したりしていて、船の時間に間に合うかどうか分からないという不安をかかえたまま家を出発したのだが、電車は次々と乗りおくれる

し、あたいは、もう、胸がはりさけそうだった。ぐすん。有明ふ頭のもより駅、新木場についたのが出港の一〇分前。もうバスもなく絶体絶命かと思ったが、捨てる神あれば拾う神あり、タクシーが、一寸の虫にも五分の魂、あたいを待っててくれていた。運転手が、一〇〇㎞で港まで急いでくれたおかげで、橋げたがあがる寸前で、こうして船へ乗りこめたのである。

小池　魅力的な語りですね……。この「あたい」というのは……？

藤本　本書の著者、小川てつオさんです。この時は十九歳。高校卒業後、美大に落ち、家で絵を描いていたそうです。でも大学なんて行きたくなくて、十二月、思いつきで沖縄行きの船に乗ったのだ、と。

小池　思いつきで！　そんな方の書かれた本、面白くないわけがない……。

藤本　はい。この作品は、まるで小説みたいに面白いけれど小説ではなく、実際に沖縄を旅した記録なんです。前半に十九歳の旅日記が、後半に約十年後、三十歳の沖縄再訪録が収められています。

小池　興味津々です！　では藤本なほ子さん、プレゼン、よろしくお願いいたします！

「旅日記」とひとくちに言うけれど、そもそも「旅」とはなんだろう。辞書を引いてみると「住んでいる場所を離れて、ほかの土地を訪れること」とある。「旅行」もだいたい同じ定義だ。でも個人的な語感としては、「旅行」のほうが期間限定的で、いつか必ず終わりが来て、日常に戻るという感じ。一方「旅」というと、「さすらいの」「流浪の」など、もしかしたら終わらないかもしれないニュアンスを感じる。

だとしても、旅も旅行もやはり非日常だ。日常ではない。本書の著者のてつオさんも、それまでの日常を離れて、沖縄を「旅」した。しかし、この旅日記が非日常としての旅をつづった世の多くの紀行文とちがうのは、てつオさんはこの旅のあと、そのまま旅を続けるような生活を常のものとしてしまい、「非日常／日常」という対立を無化する生き方をして今に至っていること。

十九歳の旅ののち、さまざまな人と多様な「芸術」の活動を展開していったてつオさんは、やがて「居候ライフ」を始める。これは文字どおり、人の家に居候し、しかし決して長居はせず、転々とする生活だ。居候先は知人の家も、見知らぬ人の家もある。居候するうちに関係性ができていき、二度、三度と巡回することが多い。そして家主と筆談でおしゃべりし、そのコピーをフリーペーパーとして配布する。

　そんなふうに、他人とのゆるやかな共同性そのものを自分の居場所としていったてつオさんだったが、次第に行きづまりを感じ、自分の活動の出発点ともいえる沖縄を再び訪れる。そしてその二年後、「ホームレス」と呼ばれる人々の住む都内の公園のテント村に惹《ひ》かれ、自分もテントを張って住みはじめた。以後現在まで、野宿生活はもう二十年になる。

　つまりこの本は、単なる旅行記ではなく、これから「社会」のなかでどのような位置をとり、どのように生きていくのかを考えながら沖縄を歩いた十九歳の著者と、その約十年後に沖縄を再訪し、自分を確かめるようにかつての道のりをなぞっていく三十歳の著者の、「生きていく旅」の記録なのである。

　本書の前半は、十九歳の旅日記「あたいのルンルン沖縄一人旅」。なんとか沖縄行きの船に乗ったてつオさんは、似顔絵描きをして食費や交通費を稼ぎながら、約四か月、旅をしていく。ごくたまにユースホステルなどに泊まるほかは、ほとんどがテント泊。キャンプ場ではなく、公園の隅や公民館・体育館の脇、浜辺、時には「張っていいよ」と言ってくれた人の家の庭など、地元の生活圏にテントを張るから、自然と人の目にとまり、声をかけられる。漁師に混ざって野球の練習をしたり、子どもと遊んだり、おばさんたちの踊りの練習を見学したりして時を過ごす。ごはんをごちそうになり、家に泊めてもらうこともしばしばある。

と言っても、地元の人々との心温まる交流記といった趣は、本書にはない。いや、温かな交流もそこここにあるのだが、嫌な顔をされたり、余計な説教をたれられたりしてバトルを繰り広げる場面もたくさんある（そちらの方が多い気もする）。公園でテントに酔っ払いが侵入し、足に抱きつかれ「ぼくと遊ぼうよ」とのしかかられて、「出ていけ」とけっとばして追い出し、はっと気がついて「宿泊料！」と二千円要求したりする。そういった、人々とてつオさん自身のなんともどうしようもない姿もそのまま記されている。

そんなふうに、人々に混ざって暮らしながら沖縄本島から西表島まで南下し、再び那覇に戻って東京への船に乗るまでの旅の日記だ。てつオさんはこの日記を、旅をしながらスケッチブックに書きついでゆき、時折、ページをちぎって兄の恭平さんに郵便で送った。本書の最初と最後には、その手書きの文字が深い海のようなブルーの紙にびっしり印刷されている。

すごく素敵だ。

続く後半は、沖縄再訪の記録、「10年後の沖縄」だ。

この旅に出る前、てつオさんは、ある在日韓国人三世が書いたアイデンティティをめぐる論文を読み、自分はこの人に「返信」を書かなければいけないと強く思ったのだという。そして、沖縄を移動しながら、その人への手紙を書いていった。「10年後の沖縄」は、その手紙をもとに、当時の日記やブログ記事などを加えて構成されている。

てつオさんは、かつて訪れた場所を再び訪れ、出会った人々に再び会いに行く。亡くなった人も何人かいる。赤い服を着て赤い絵だけを描いていた高木さん（通称「ドロドロ」）もその一人だ。本書には亡くなる直前のドロドロの日記の抜粋もある（すごくいい）。西表島では、小さなコミュニティを作ろうとしている人々に出会い、「居場所」について考えていたてつオさんは、そのありようを注意深く観察している。

三十歳になったてつオさんの書く言葉は、十九歳の時に比べてずいぶん落ち着き、リラックスしたやわらかさが感じられる。

十九歳の文章は一文一文が短く、ユーモラスでありながらもどこかつっぱって、近寄るものをはねかえすようだ。一人称は「あたい」で、まわりに対して自分を作って立てている自意識を感じる（でも、郵便局で兄や母からの手紙を受けとり、「なつかしさがこみあげる」とぽろりと書くような場面もあって、それがまたいい）。

一方、十年後の一人称は「ぼく」。ひっかかりを感じさせない自然な言葉づかいで、自分の感情の動きを受けとめ、描写している。読んでいくこちらも、「ぼく」のつづる言葉の運びと読む気持ちのリズムがシンクロして、落ち着いてくる。

ぼくがテントを張っている裏の浜と集落を結ぶ森の中では、日が落ちる数十分、ものすごい数の蛍が乱舞する。それを見ているのは、ぼく一人だけ。体温がじんわり上がるほど美しい。

この本には、興味深いテーマや考え方がいろいろ詰まっている。そのごく一部を書いてみたい。

まず、「見ること」。

本書には、てつオさんが旅の中で描いたスケッチがたくさん挟みこまれている。十九歳の旅では、クレパスやボールペンなどで、風景や人々を強い線で描いている。前述のとおり、この旅日記の言葉はちょっとつっけんどんで、他人を突き放す感じもある。でも絵を見ると、てつオさんが目の前のものを時間をかけて丁寧に見つめ、描きとっていることがよくわかる。そのギャップが、てつオさんというひとつの人格の、幾重もの層をなす複雑な奥行きを伝える。人ってこういう奥行きを持つものなのだな、と思わされる。

一方、「10年後の沖縄」の絵は、かつてより細い線、淡い色調で、こまやかに描かれている。以前の、対象を正面から眼差《まなざ》す強い視線とちがい、包みこむようなやわらかな視線だ。言葉と絵とのギャップもあまり感じない。十年の時を経た書き手の変化が伝わってくる。

十九歳の旅の「見ること」には、レイヤーがもう一つある。似顔絵描きだ。本書の巻末に置かれた「初版のあとがき」に、次のようにある。

一九歳の時のぼくは、全くもって、はばたきたかった。それも当然のこととして。なぜなら、「学校」というところで息を詰めるような数年間を送っていたから。この沖縄旅行

を通じてぼくは、社会の肌合いの多様さを感じていた。人の顔が見えてきたのだ。ああ、全く似顔絵とは、人の顔を見るということだ。ぼくが無意識に選んだ似顔絵とは、社会へのぼくなりの踏み出し方だった。

似顔絵を描く時は、相手をじっと見つめる。そのような「見つめる／見つめられる時間」は、ふだんはなんとなく居心地悪く感じたりして、ふっと視線を外し、無くしてしまうものだ。でも似顔絵を描くあいだは、堂々と見つめつづけることができる。

この旅の似顔絵描きという仕事でてつオさんは、ある集団や共同体に外から入りこみ、人々に混ざりながらも少し外側からじっと観察する位置に立つコツを身につけたのではないか。

「社会」という言葉で指すものは人や場合によってちがうけれど、この旅を通しててつオさんは、自分がいま社会に出会い始めたという実感を持ったのだと思う。そしてそれは、日本列島の端の沖縄で生活する、スーパーのおばさんや工事現場のおじさん、おばあやおじい、運転手、管理人、町内会長、公園にたむろする中高生といった、ひとつひとつの顔を持つ人々だった。十九歳の著者にとって「社会に出る」とは、「就職して〝社会人〟になる」という意味ではなく、そうした具体的な一人ひとりに出会うことだったのだ。

これは、異邦人性と立ち位置の低さという、別の観点につながる。

てつオさんは高校生の時、サンカ（山窩）に惹《ひ》かれ、研究していたそうだ。サンカとは、昭和時代前半頃まで存在した、山を移動しながら狩猟、採集や竹細工をして暮らした人々。そんなてつオさんは、沖縄の旅でも、外来の者（いわば異邦人）として人々に混ざって生活し、移動していくことを意識していたという。

そのような存在は、日常を小さく攪乱《かくらん》し、変容をもたらす。人は変化や新しい風を心のどこかで待っているから、異邦人はめずらしがられ、歓待されることが多い。でも、攪乱や変化が度を越してしまったり、タブーの空間にうっかり足を踏み入れてしまったりすると、追い払われ攻撃される対象ともなる。沖縄の人々のてつオさんの遇し方にも、その両面がある。

さらに、てつオさんの位置どりは、とても独特だ。なんというか、常に「下のほう」にいる。旅行者というより旅芸人とか、路上で暮らす人々にも近い。時にはあからさまに避けられ、嫌がられる。いちばん強烈に印象に残ったのは、道でおばあさんがいきなり、食べかけのおにぎりをくれて、それをもらって食べたという話だ。さらっと一行だけ書かれているのだが、（そしておばあさんはどうやら認知症だったのだが、それにしても）食べかけのおにぎりをすっと差しだされるような、身のありようの「低さ」に驚いたのだった。

それから、すごく好きなのが、次のくだり。

三越前で店を開こうとするが、店員に「やめてくれ」と言われる。仕方なく、シャッターのおりているアイスクリーム屋の前で店を開く。

酔っぱらいが一人絡んできただけで、皆、物珍しそうにこちらを見つつ通り過ぎていく。じゃくばくたる気持ちになる。しかし、あたいはこの「じゃくばく」な感じが、大好きである。あとは、しゃべっている時におとずれる、居心地の悪い沈黙、あの白けた緊迫感も大好きである。そんなわけで、いよいよ雨もぱらつき出す。

この「「じゃくばく」な感じ」（これはたぶん「寂寞《じゃくまく》」と「索漠《さくばく》」のミックスで、ひとりとり残されたような寂しく殺伐とした心の感じをいうのだと思う）とか「居心地の悪」さにあえてとどまる感覚は、結構大事なことではないかと思うのだ。

最後に、書名の「このようなやり方で300年の人生を生きていく」について、十九歳の旅日記から少し長くなるが引用したい。

……このような旅行をしていると必ず「若いうちだけだよ」とか「思い出作りだね」とかいう言葉をはげましとして言われるのだが、これもあたいは、イヤだ。旅行をいつまで続けるかとかいうことではなく、このようなやり方・精神で、三百年の人生を生きていく、そのためのむしろ準備体操の、そのまたアキレス腱《けん》のばしにすぎない小旅行において、このような言葉は実に退行的に聞こえる。

このさいだから、さらにいえば、さっきの言葉は直接「いつまでもこんな事をしてるとバカと言われるよ」とか「少しは、社会や他人のための事もしなくちゃね」という風に展開するのだが、あたいは本当にイヤだ。特に、後の言葉がイヤだ。この言葉を聞くと（しばしば聞くが）あたいは、他人のために生きている人が、ぐるりと円になって、「他人のため」が円環になっている、まるで二匹のヘビがしっぽをくわえあっている図が頭に浮かぶ。

あたいは、「やりたい事をやる」ということだけが、社会や他人のためになる行為だと思っている。直接的な迷惑はあるかもしれないが、それは、社会や他人に対して「はげまし」のメッセージになると思う。あたいが「はげまし」を感じている人は、みな、「やりたい事をやった」あるいは「やっている」あるいは「やろうとしている」人である。自分に即して言うと、やりたい事をやっていない時や、わからない時、意地が悪くなる。これこそ他人の迷惑ではないか。

最後の「やりたい事をやる」については、「初版のあとがき」に十五年後のてつオさんからのコメントがある。ぜひ、実際に本を開いて確かめてみてほしい。

＊ここに書いたエピソードのうち『このようなやり方で300年の人生を生きていく』に記されていない話は、私がてつオさんから個人的に聞いたり、下のウェブサイトにある「刊行記念原画展」のお話会（二〇二三年五月）でてつオさんが話したりしたものです。

05

プレゼンター……小川《おがわ》公代《きみよ》（英文学者）

オスカー・ワイルド『サロメ』

（平野《ひらの》啓一郎《けいいちろう》訳、光文社古典新訳文庫、2012年）

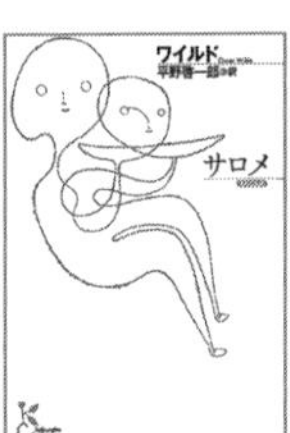

小池　次なる発表は小川公代さんです。小川さんは『ケアの倫理とエンパワメント』『ケアする惑星』（講談社）のご著者で、介護や世話などを意味するケアという言葉を読み換えていきながら、人と人との新たな関係のありかたを模索なさっています。

小川　はい。ケアの倫理は、近年、私にとって大きな研究テーマですね。

小池　本日紹介なさるのも、ケアについての本ですか？

小川　んー……深いところではつながるんですけれど、今日はケアを前面に出してお話しするのではなく、オスカー・ワイルドの思想を紹介できればと思っています。

小池　オスカー・ワイルド！　小川さんのご専門は、イギリス文学ですものね。

小川　小池さんは、ワイルドについてどんなイメージを持っていますか？

小池　率直に言うと、エログロのイメージが強いです。

小川　それは、例えば『サロメ』を読まれての印象？

小池　まさに、です。オーブリー・ビアズリーの挿絵の怪しい魅力にやられちゃって、学生の頃ビアズリー展を観《み》にいって、分厚いカタログも購入しちゃいました。学生には結構なお値段でしたが……今でも宝物ですね。『サロメ』の蠱惑《こわく》的な雰囲気に、まさにぴったりの絵柄と思います。

小川　実は、ビアズリーのイメージは蠱惑的というか、どちらかというと猥雑《わいざつ》なイメージですよね。それとは全く異なるワイルドの新たな一面を知ってほしいなと思っているので、今日の私のプレゼンは、ぜひ、小池さんにも届けなくては。

小池　……？　なんかドキドキしますね。楽しみです。それでは小川公代さんによる本のプレゼンです。小川さん、よろしくお願いいたします！

ワイルドの退廃的なイメージを打破する

今芸能界では性加害やセクハラの問題が広がっているが、これは決して他人事ではない。私が若い人にはぜひ『サロメ』を読んでもらいたいのは、女性だけでなく、若い男女が権力を持つ人間の「性的まなざし」(male gaze)の対象となりうることを考える機会になればと思うからだ。一九七〇年代にローラ・マルヴィという映画理論家の提唱した性的まなざしの権力構造の問題は、誰もが無自覚に内面化してしまうものであり、非常に重要であると考える。ワイルドの『サロメ』は読者(観客)に、自分が誰かによって性的対象として矮小《わいしょう》化されてしまう、あるいは自分が誰かをそのようなまなざしで見てしまう問題を意識させる作品となっている。『サロメ』は権力者の「性的まなざし」に対する闘争の物語なのだ。

「私も被害者である」という意味の「#MeToo」(ミートゥー)が市民活動家タラナ・バークによって初めて用いられたのは二〇〇六年であったが、この運動が認知され始めたのは二〇一七年になってからだ。性的虐待疑惑のあった映画プロデューサーのハーヴェイ・ワインスタインによる数十年にも及ぶセクシュアルハラスメントを告発する記事が発表されたことがきっかけである。[2] その後、SNSなどで、セクハラや性的暴行などの性犯罪被害を訴える多くの女性が声を上げ始めた。

もしオスカー・ワイルド（Oscar Wilde, 1854-1900）が二十一世紀に生きていたら、おそらくMeToo運動を支持していたのではないだろうか。私はこれまで、ワイルドを社会的弱者の味方、そしてフェミニズムを推し進める女性たちの「アライally（＝味方、支援者）」として、彼の作品を読んできた。「え、ワイルドがMeToo ?!」と訝《いぶか》しげに思った人がいても不思議はない。なぜなら、彼は日本では、おそらくセクハラの犠牲者にシンパシーを示すような人物としては知られてはいないからだ。ワイルドは、おそらく一般読者には、オーブリー・ビアズリーの猥褻《わいせつ》な挿絵で有名である戯曲『サロメ』（*Salomé*, 1893）の作者として、あるいは『ドリアン・グレイの肖像』（*The Picture of Dorian Gray*, 1890）のような美青年が破滅する物語を綴《つづ》った耽美《たんび》主義者として知られている。[3]

『サロメ』は、王女サロメが継父ヘロデ王に請われて踊りを披露し、その褒美として美しい預言者ヨカナーンの首を所望し、彼の口唇にキスをするという残酷な物語である。最後はサロメを化け物扱いするヘロデが「あの女を殺せ！」と命じて幕が降りる。[4] プロットだけを読めば、この作品から「#MeToo」の精神を感じ取ることは到底できないだろう。私自身も大学時代に『サロメ』を読んで、なんと恐ろしい物語なんだと度肝を抜かれたものだ。

たしかに、日本ではワイルドの人物像は長いこと、このような退廃的なイメージを逃れていない。ワイルド自身が同性愛者として社会的弱者であり、生きづらさを感じていたことを踏まえると、『サロメ』はまったく異なる意味を帯び始める。本章では、ワイルドの性的マイノリティとしての生きづらさ、そして社会主義思想が下支えした利他主義、そして彼が女性のアライであり続けた背景について詳しく見ていく。

性的マイノリティとしてのワイルド

一八八六年にロバート・ロスと出会ったワイルドは、次第に同性愛に目覚めていった。おそらくセクシュアリティに揺らぎがあっただろうが、ワイルドがロスに出会った頃はまだ異性愛者として生き、結婚して妻も子どももいた。童話集の訳者でもあり、ワイルド研究者の富士川義之によれば、ワイルドは「『幸福な王子とその他の童話』刊行後の一八八九年頃から同性愛の世界にのめりこんで」いった。この時期を境に彼の生活は急変し、「ありていに言うと、同性愛者になる前と後では、作品から受ける触感や肌理《きめ》や雰囲気がかなり異質」になる。[5] 一八九一年はワイルドにとってはさらなる転換期となる。なぜなら、彼が文壇から、あるいは華やかな社交界から転落する原因となる、運命の恋人アルフレッド・ダグラスに出会ってしまうからだ。[6]『サロメ』の仏文版は一八九二年十二月には準備ができ、翌年発表されている。まさにダグラスとの交際が最も濃密だった、すなわち自分がマイノリティであるという意識が先鋭化していた時期に執筆されたと言える。

『サロメ』を訳した平野啓一郎によれば、サロメが「「この世」の堕落に辟易《へきえき》し、「この世」ならぬ何かを求めている」と述べているように、[7] ワイルドは俗物的な社会では忌避される性的マイノリティの欲望が表現されることを希求し、その衝動によって『サロメ』を生み出したのかもしれないという。元々、洗礼者ヨハネ（ヨカナーン）が彼女の願いによってヘロデ・アンティパスに斬首されてしまったという物語は、「〈マルコによる福音書〉（六章十四節〜二十九節）、〈マタイによる福音書〉（十四章一節〜十二節）」に見出《みいだ》すことができるが（『サロメ』、一二九頁）、サロメやヨカナーンが放つ言葉はすべてワイルド自身の創作である。

　同性愛がまだ犯罪と見なされていた時代のイギリスに生きたワイルドはその葛藤《かっとう》に苦しんだが、『サロメ』が出版されてから二年後の一八九五年には恋人アルフレッド・ダグラスとの同性愛関係が白日の下に晒《さら》され、実際に地位も名声も失ってしまった。法廷で「著しい猥褻行為」の有罪判決を受け、二年間投獄されたワイルドは、出所後も劇作家としてやり直したいと願うが、「再起を果たすことは叶《かな》わず、人生に怯懦《きょうだ》し、あがき、失望して不貞腐れては開き直るも、アイディアの多重売りという不名誉のなかで人生の幕を閉じ」ている。[8] しかし、ワイルドは同性愛者であったから、『サロメ』が社会的弱者に寄り添うような物語になっているのかというと必ずしもそうではない。

「所有」の価値に抵抗するサロメ

『サロメ』では、継父ヘロデ王に請われて踊りを披露することになる王女サロメだが、褒美として「どんなものでもやろう」(同、六一頁)と王に約束させていた。この劇のクライマックスの場面では、銀の大皿にのせた「ヨカナーンの首」を要求している。読者にとってヨカナーンの「首」を所望するサロメは恐ろしい女ではあるが、そこには彼女の純粋な欲望があった。彼女が美しい預言者ヨカナーンに直接訴えても得られなかった接吻《せっぷん》をするためである。この物語で対比されているのは、悪女サロメと清らかな預言者ヨカナーンではなく、非物質的な「接吻」あるいは「性の欲動」を表現するサロメと物欲にまみれたヘロデ王なのである。なぜならヘロデ王は「どんなものでもやろう」とサロメと約束をしたにもかかわらず、その約束を守る代わりに世界中から集められた宝石や珍しいものを列挙することで、サロメの思いどおりにさせまいとするからである。[9]

ヘロデ王は「わしはな、エメラルドを持っておる。皇帝《カエサル》の側近がわしに贈った、大きな、まん丸のエメラルドだ。（中略）この世で最も大きなエメラルドだ。どうだ、欲しくなったであろう、ん？　わしに言ってみよ、そうすればもう、お前のものだ」（同、六八頁）と言い、「白い孔雀《くじゃく》」を「五十羽」（同、六九～七〇頁）、「卵のように大きくて、青い花のような青味のサファイヤ」、「クリソライトに緑柱石、クリソプレーズにルビー、あとは、赤縞瑪瑙《あかしまめのう》、ヒヤシンス、玉髄《ぎょくずい》、とにかく全部だ、そう、全部お前にやろう」（同、七三頁）と、ひたすら金銭的に高価なものや珍しいものを列挙していく。彼は、いわば物質主義的な資本主義社会の「過剰」を象徴する存在として表されているのだ。しかし、どれほど彼が物質的な豊かさを誇るものをサロメに提示しても、彼女はそれらすべてを拒否し続ける。

ワイルドは実は社会主義思想であった。物質的に豊かになりつつあった十九世紀のイギリスでは、私有財産制が基盤となり、ワイルドは人間は多くのものを持っているがゆえに偉大な人間であるという欺瞞《ぎまん》に陥る成金や上流階級の価値観に批判的であった。[10]当時、社会主義思想の旗手でもあったウィリアム・モリスがワイルドの師であり、そして彼が実はモリスを介してロシアの革命家ピョートル・クロポトキンと出会い、少なからず影響を受けていた[11]。このことを踏まえれば、『サロメ』のこの場面が意味するところを、より深く理解することができるだろう。『社会主義下の人間の魂』（*The Soul of Man Under Socialism*, 1891）は、ヴィクトリア時代の価値観に対するワイルドの抵抗とも言える論文である。この論文には、モリスやクロポトキンの思想と共鳴する言葉がある。

ワイルドは「おまえの完成はおまえの内にあるのだ。それが自覚できさえすれば、金持ちになろうなどとは思わないだろう。普通の富なら人から盗める。真の富はできない。おまえの魂という宝庫には、おまえから奪えない限りなく尊いものがある」と述べ[12]、「苦悩する魂」についても明晰《めいせき》に論じている。彼は、多くのものを所有しているがゆえに偉大な人間であると思わせる社会は個の自己実現を阻むが、芸術家たちはそういう価値観に抗《あらが》う存在であるべきであると考えた。ワイルドの「幸福な王子」は、その思想を具現化している。銅像となった「幸福な王子」は自分の目であるサファイアや剣の柄にはめられているルビーなどを友人のツバメに運ばせ、苦悩する貧しい労働者たちに分け与えた。ワイルドが単なる耽美主義者ではないことは、「幸福な王子」だけでなく「若い王」や「わがままな巨人」など、彼の初期の児童文学に描かれる利他愛からも見てとれるだろう。『サロメ』は愛の物語ではなく、家父長制社会におけるマイノリティの抵抗《レジスタンス》の物語である。サロメは彼の富や金銭の力で意のままになること、あるいは「所有」されることを拒むのである。

サロメのレジスタンス

サロメが拒むのは、「所有」されることだけではない。ヘロデ王に好色なまなざしを向けられ続けるサロメは、それに対しても抵抗する。ローラ・マルヴィは、ハリウッド映画が男性視点の視覚快楽嗜好《しこう》によって成り立つことを指摘し、その女性を性的対象化する視線を「メイル・ゲイズ」と呼んだ。マルヴィが論じるように、長い歴史のなかで女性は「見る主体」というよりも「見られる対象」として扱われてきたのだ[13]。サロメはヘロデ王の「メイル・ゲイズ」にノーを突きつけ、その文化に対抗する「フィメール・ゲイズ」でもってヨカナーンをまなざすのである。

ワイルドの戯曲にも、フェミニスト的なテーマがある。彼の喜劇『つまらぬ女』(*A Woman of No Importance*, 1894) には自立心が旺盛で、しかも女性同士が連帯する「新しい女」たちが描かれている。アメリカ人のヘスターは年若い、正義感の強い、純潔さを訴えるような多少潔癖症な女性でありながらも、家父長的な価値には染まっていない。イギリス人のシングルマザーであるアーバスノット夫人は「人生について何ひとつ知らなかった」娘時代にかつてジョージ・ハーフォードという名前だったイリングワース卿に誘惑され、彼を「愛するように仕向け」られた。彼女は「とても若かった」ので、彼の結婚の約束を素直に信じてしまったが、なかなかそのそぶりを見せないので、息子が生まれる直前に「どうか結婚して」とアーバスノット夫人が懇願するも、彼はそれを拒んだのだった[14]。息子のジェラルドは母親の話を聞いて、イリングワース卿と結婚するよう説得するが、資産を持つヘスターはそんな裏切り男に経済的に依存するなんてとんでもないとばかりに、ジェラルドの提案を却下する。そして、ジェラルドと共にアーバスノット夫人に自分の故郷のアメリカに移住し、一緒に暮らすよう提案し、女同士の連帯を示している。

サロメ自身がヘロデ王のセクハラ被害の対象となり続けることに反旗を翻す場面はまさに『つまらぬ女』のフェミニズムの萌芽《ほうが》として見ることができるだろう。ヘロデ王は冒頭場面からサロメのことをずっと見ている。サロメはヘロデの妻ヘロディアの連れ子である。ヘロディアが「あの子をご覧なさいますな」(『サロメ』、五二頁)と彼を注意しても、ヘロデ王は美しいサロメを見ることを止めない。それどころか、「(彼はサロメを凝視するのを、もう止めようとしない）」（同、五三頁）とある。「これ以上、あんなところにはいられないわ。もうたくさん」（同、十八頁）とサロメがいうのは、ヘロデが執拗《しつよう》に彼女を性的対象として「見る」ことにうんざりしているからだ。ワイルドのフランス語の原文は、"Comme l'air est frais ici! Enfin, ici on respire!"である。直訳すれば、「ここ（外）の空気はなんて新鮮なの！やっと息ができるわ！」となり、外に出たサロメの「あんなところ」にいた息苦しさを表現している。ワイルドはサロメのこの言葉を通して好色の「メイル・ゲイズ」にさらされる当時の女性たちの生きづらさに寄り添っているのだろう。

　このことを踏まえれば、最後のヘロデ王が宝石などを列挙する場面では、「四連の真珠の首飾り」を身につければ、「お前もまた女王のように美しくなれるぞ」（同、七二頁）と助言するヘロデ王の態度そのものが、女性を性的な対象として客体化するまさしく家父長的「メイル・ゲイズ」を象徴することが分かる。社会的に不利な立場に陥りやすいのはやはりいつの時代でも女性であることが多い。ワイルドのサロメがヘロデ王のいいなりにならないこと自体、十九世紀の価値観からすれば、かなり革新的であろう。

　ワイルド自身が性的マイノリティであったということもあるだろうが、彼にとって女性作家、詩人たちのアライであることの方が自然だったのかもしれない。平野によれば、ワイルドが一八八七年から雑誌『女の世界』（*The Woman's World*）の編集長となってからは、女性の曲線美を強調する「バッスルも、ステイズ（補整下着）も、コルセットもすべてなくすべきだとして」、彼はファッションという観点からも女性の解放を助力している。[15] 女性を必ずしも性的な対象として見ないワイルドだからこそ、新しい女性たちの助力者として、また彼女らに原稿を書かせる雑誌編集長として活躍したのではないかという平野の指摘は正鵠《せいこく》を射ている。[16]

ワイルドは「幸福な王子」などの児童文学において、資本家たちや上流階級の人々に搾取される労働者階級に寄り添う物語を綴っていたように、『サロメ』や『つまらぬ女』でも、家父長制的な社会において経済的に脆弱《ぜいじゃく》な立場に置かれ、性的に搾取されてしまう女性たちに深く共感して、その苦悩を描いている。ワイルドが二十一世紀に生きていたとしたら、おそらく先陣を切って女性たちの MeToo 運動を支持していたことだろう。

＊＊＊

1　本稿は、「文学の森」が主催した作家平野啓一郎さんとの『サロメ』対談から多くのインスピレーションを得て書かれたものである。

2 Jodi Kantor and Megan Twohey, "Harvey Weinstein Paid Off Sexual Harassment Accusers for Decades", *The New York Times* (October 5, 2017).
https://www.nytimes.com/2017/10/05/us/harvey-weinstein-harassment-allegations.html

3 美しい青年であるドリアンは快楽主義者ヘンリー卿《きょう》の感化によって背徳の生活を享楽するが、彼が重ねていくその罪や悪行は、その肖像に醜い姿となって刻印されていく。他方、ドリアン自身は醜くなるどころか、老いることさえないが、最後に肖像画をナイフで切り裂いたドリアンは死に至ってしまう。

4 オスカー・ワイルド『サロメ』平野啓一郎訳（光文社、二〇一二年）、八一頁。

5 富士川義之「解説」『童話集　幸福な王子　他八篇』富士川義之訳（岩波書店、二〇二〇年）、二九六頁。

6 平井博『オスカー・ワイルドの生涯』（松柏社、一九六〇年）、一〇六頁。

7 平野啓一郎「訳者あとがき」『サロメ』（光文社、二〇一二年）、一三三頁。

8 オスカー・ワイルド『新編獄中記――悲哀の道化師の物語』宮﨑かすみ編訳（中央公論新社、二〇二〇年）、四四九頁。耳の炎症が脳にまで及ぶ可能性があったため手術を受けたワイルドだが、その後、回復することはなかった。

9 その理由は、預言者を殺《あや》めれば「必ず災いが起こる」からというものである（『サロメ』、七五頁）。

10 マルクス理論でいうところの「交換価値」（exchange value）である。真に人の役に立つ、あるいは人が欲求するものを手に入れることが「使用価値」（use value）であるなら、交換価値は物質的な富や金を「所有」することに力点が置かれている。

11 小野二郎「白熱せる魂と犯罪への共感――ワイルドと社会主義下の人間の魂」『自由時間』創刊号、一九七五年十一月、土曜美術社、二二三～三〇頁。

12　オスカー・ワイルド『社会主義下の人間の魂』、『オスカー・ワイルド全集Ⅳ』（西村孝次訳、青土社、一九八一年）、三一六〜三一七頁。
13　Laura Mulvey, "Visual Pleasure and Narrative Cinema", *Screen*, Volume 16, Issue 3, Autumn 1975, pp. 6-18.
14　オスカー・ワイルド『つまらぬ女』、『オスカー・ワイルド全集Ⅱ』（西村孝次訳、青土社、一九八〇年）、三一九〜三三〇頁。
15　平野啓一郎『「カッコいい」とは何か』（講談社、二〇一九年）、三四一頁。
16　これは、「文学の森」が主催した私との『サロメ』対談において、平野さんが指摘したことである。

06

プレゼンター……田《た》中《なか》健《けん》一《いち》（予備校講師）

三上英司《みかみえいじ》・大橋賢一《おおはしけんいち》・小田健太《おだけんた》編
『漢文名文選　故事成語編』
（筑摩書房、2019年）

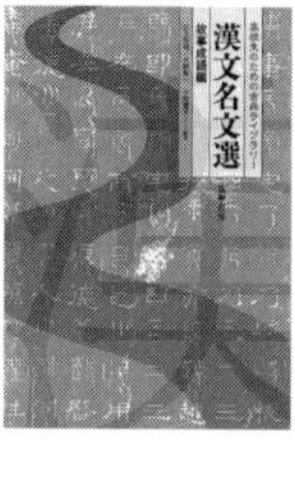

小池　お、次はタナケンだ。タナケン、うぇ〜い。

田中　ちゃーす。ヨージ、今日はお土産持ってきたよーん。

小池　ノリが「笑って○○とも」ですなぁ……って、ここにいる皆さんは、誰も知らないスね……。お、おにぎりじゃん。うまほ〜。いただきま〜s

田中　待て。これを巻け。ぱりぱりの海苔《のり》じゃ。

小池　あざます……どうせなら、巻いておいてほしかったスね。私、おにぎりの海苔はしっとりタイプが好k

田中　ヘンタイか！　おにぎりの海苔はぱりぱり一択！　World Health Organization（WHO）すなわち世界保健機関でもそう決まっとるじゃないか！

＊決まってません。

小池　うるせぇ、おにぎりの海苔はしっとり系一択じゃ！

田中　うわ、もう、ほんとない。ない。まじでない。だいたいヨージはCoCo○番屋のカレーも3辛だとか言って、超絶ありえない。CoCo○番屋は5辛。これ、常識。世界標準。

小池　5辛じゃカレーソースのうま味がわからないんだよ！

田中　でた！「カレーソースのうま味」！　グルメ！　食通気取り！

スタッフ　お二人とも、いちゃいちゃするのはそのくらいで（怒）

田中&小池　さーせんした。

小池　……というわけで、タナケン……もとい、田中健一さんは、大学受験の予備校で英語の指導をなさっている方です。私と同じ、予備校講師ですね。

田中　世代も、ヨージとほぼ一緒です。

小池　そうなんです。仕事の経歴とかも、かなり似通っているところがあって。

それに、予備校講師以外に本の執筆をしているというのもかぶるんですよね。

田中　『英文法基礎10題ドリル』（駿台文庫）、絶賛大ヒット中です。よろしく。

小池　『世界が広がる英文読解』（岩波ジュニア新書）もめちゃめちゃ面白かったよ。ああいう本が増えれば、英語を苦手とする十代の人たちも、きっと嬉しいと思う。

田中　ありがとうございます。

小池　あと、私、今、英語の学び直しをしているのですが、田中健一さんの『はじめてでも「使える英語」が身につく！　英語復文勉強法』（ジャパンタイムズ出版）も活用させてもらっています。〝復文〟という勉強法が、かなり効果的……！

田中　そうなんです。復文は、ガチです。

小池　……もしかして、今日は、そこらへんの話なんかも……？

田中　さて、どうでしょう。

小池　むむむ……？　タナケンがどんな本をどう紹介するか、私も興味津々。というわけで、田中健一さんによる〝本のプレゼン〟です。皆さん、ご期待ください！

はじめまして、こんにちは。田中健一と申します。もしかしたら**『世界が広がる英文読解』**や**『英文法基礎10題ドリル』**などで既にお会いしたことがある方もいらっしゃるかもしれません。

私は今では英語講師をしていますが、大学での専攻は歴史学（西洋史）でした。高校で世界史を担当したことも、塾や予備校で倫理・政治経済や数学・物理を指導したこともあります。こういう仕事をしていると「勉強が好きなんですね！」などと言われることがありますが、否定はできません。しかし、より正確に言うと「学習参考書や問題集を含めた本を読むのが好き！」なのです。

それまで指導経験がなかった物理を指導することになった際には、何冊かの参考書・問題集を用意して、同じ問題に対してそれぞれどのように説明しているのかを読み比べて研究したのですが、これは本当に楽しかったです。

今回、「若い皆さんにおすすめの本を紹介してください」と依頼されて最初に思ったのは（本なんて好きなものを好きなように読めばいいじゃないか）ということです。書店や図書館に行って、タイトルや表紙が気になったものを手に取って、パラパラと読んでみる——こうした本との出合いを大切にしてもらいたいと思っています。

町の書店で偶然見つけた椎名誠『さらば国分寺書店のオババ』（情報センター出版局）のタイトルと表紙に心を奪われ、その後は『わしらは怪しい探険隊』（角川文庫）や『岳物語』（集英社文庫）などの「シーナワールド」にハマりました。

通学の電車でたまたま正面に座っていた人が読んでいた赤川次郎『ひまつぶしの殺人』（光文社文庫）のタイトルが気になり過ぎて読んでみたら非常に面白くて、その後は当時出ていた赤川作品を一気に全部読みました。

家族や友人・知人が読んでいるものを貸してもらうのもいいですね。私は祖父が司馬遼太郎『関ヶ原』（新潮文庫）を貸してくれて以来歴史小説にのめり込みました。その後は司馬の著作だけでなく新田次郎や池波正太郎を読むようになりました。

私はまた、大人からあれを読みなさい、これを読みなさいと言われて素直に従ってほしくないとも願っています。だって大人は、若い皆さんのためを思って紹介しているフリをして、実際は大人にとって都合のよいものばかりを薦めてくる可能性だってあるのですから。

そういうわけで今回は「この本を読んでほしい！」というよりは「読書にはこんな方法もありますよ」というお話をしようと思います。

そもそも論になりますが、「読む」とはどういう行為でしょうか。『現代新国語辞典　第六版』（三省堂）には次のようにあります。

①文字や文章を見て、声に出して言う。
②文字・文章・図表などを見て、意味を理解する。（以下略）

私は①を見て、単に「読む」だけで「音読」も含むのか！　と少し驚きました。しかし、よく考えてみたら教室で「田中君、次の文を読んで」と当てられたら声に出して読みますよね。

この「声に出して読む」ことの重要性は多くの先生が指摘しています。例えば**塚原哲也『読んで深める　日本史実力強化書〈第2版〉』（駿台文庫）**の「本書の構成と使い方」には次のような説明があります。

〔忘れてはならないこと〕
文章は音読しよう。黙読は概して文章を読んでいないものだし、見落としもある。それゆえ、文章は声に出して読むことを心がけてほしい。

私は難しい文章を読んでいて、一読して意味を把握できないときは声に出して何度も読むようにしています。

②の定義は私たちが日常、ごく普通にやっている行為だと思います。例えば「今からこれを読んでください」とプリントを配られたらこのようにするでしょう。ここに加えるとしたら、キーワードを丸で囲んだり、重要な部分に線を引いたりすることくらいでしょうか。

この文章で私が紹介したいのは、①でも②でもない「読む」です。それは、簡単に言うと【手を動かして読む読書】です。これは単に線を引いたり丸で囲んだりするのではなく、【書き写す読書】です。私が大好きな隆慶一郎『一夢庵風流記』(新潮文庫)は戦国時代に活躍した前田慶次郎を主人公とする歴史小説です。ここには次のようなシーンがあります。慶次郎が直江兼続の部屋で書物の山を調べていたところです。

廊下に足音が響いて、兼続が闊達《かったつ》な足どりで入って来た。挨拶《あいさつ》もそこそこに慶次郎は訊《き》いた。

「失礼だが、この筆蹟はどなたのものですか」

兼続の頬《ほお》に血の色が差した。いたずらを見つかった少年のように恥じているように見えた。

「私です。お恥ずかしい筆蹟《て》ですが……」

慶次郎は信じられないという顔で、まじまじと見つめた。

「ではお手前がこれをすべてお写しになられたわけですか」

「いやいや。早急に返却の必要のあるものは、やむをえず、うちの者たちに手分けして写させました。校合《きょうごう》は充分に致しました故《ゆえ》、間違いは少い筈《はず》ですが……」

慶次郎は声が出ないように見えた。

「写すだけで、仲々読み返す暇《いとま》がありません。難しいものです」

これは嘘だった。手ずから筆写するにまさる読み方は、今日でさえないのである。

もちろんコピー機も印刷機もない時代ですから、本を入手するには書き写す必要があったのです。作家の隆慶一郎はこの行為を「手ずから筆写するにまさる読み方は、今日でさえない」と断言しているのです。

これは少し言い過ぎかなとも思いますが、私自身、「書き写す読書」を実践しています。これが大変面白く、よい息抜き・よい暇つぶしになります。私が最近「書き写す読書」に使っているのが三上英司・大橋賢一・小田健太編著『高校生のための古典ライブラリー 漢文名文選 故事成語編』（筑摩書房）です。

私は小学生の頃からNHK大河ドラマの影響で日本の歴史、特に戦国時代が大好きでした。

中学進学祝いに横山光輝『三国志』（潮出版社）全六十巻を購入してもらい、中国の歴史にも興味を持ちました。その流れで漢文の勉強にも意欲的になり、大人になった今でも漢文に親しんでいます。実際にどんなふうに遊んでいるのかを具体的に示します。「三顧《さんこ》之《の》礼《れい》・水《すい》魚之交《ぎょのまじハリ》」を使用します。

まずは一文を書き写します。

瑯琊諸葛亮、寓居襄陽隆中。

次に、これを見ながら「書き下し文」にします。

瑯琊の諸葛亮、襄陽の隆中に寓居す。

別冊を見て答え合わせをして（おお、合ってた！　よかった！）と喜びます。さらに、この書き下し文を見て元の漢文を再現します。これはなかなか難しいですが遣《や》り甲斐《がい》がありま

三顧之《の》礼・水魚之交《ハリ》

後漢末、汝南《じょなん》で曹操《そうそう》に敗れた劉備《りゅうび》は荊州牧《けいしゅうぼく》の劉表《りゅうひょう》に身を寄せ、新野《しんや》に駐屯していた。司馬徽《しばき》の推挙によって襄陽《じょうよう》に寓居《ぐうきょ》（仮住まい）していた諸葛亮《しょかつりょう》を訪ね、迎え入れようとしたのだが、すぐには面会できなかった。

瑯《ろう》琊《や》諸《しょ》葛《かつ》亮《りょう》、寓《ぐう》居《きょ》襄《じょう》陽《よう》隆《りゅう》中《ちゅう》。毎《つね》自比管《かん》仲《ちゅう》・楽《がく》毅《き》。備《び》訪《と》士於司《し》馬《ば》徽《き》。徽曰《いはく》「識時務者、在俊《しゅん》傑《けつ》。此間《こ》自《おの》有伏《ふく》竜《りょう》鳳《ほう》雛《すう》。諸葛孔《こう》明《めい》・龐《ほう》士《し》元《げん》也《なり》。」徐《じょ》庶《しょ》亦《また》謂《い》備曰《いはク》「諸葛孔明臥《ぐわ》竜《りょう》也。」備三往《たび》ゆキテ乃得見亮、問策。亮曰《いはク》「曹《さう》操《さう》擁百

す。

瑯琊諸葛亮、寓居襄陽隆中。

本冊を見て答え合わせをして（おお、できた！）と満足します。

このように、書き下し文を見て漢文の原文を復元する勉強法を「復文」と呼びますが、私は勉強のつもりでやっているわけではありません。純粋に楽しいからやっているのです。もちろん、楽しんでいるうちに知識が増え教養が深まっていくのですが、それを目的にやっているのではなく、遊んでいたら結果としてそうなっている感じです。

ここまで話してきて、中学時代の友人・S君のことを思い出しました。S君はテストでは常に学年一位か二位の優秀な人でした。彼は教科書や参考書をひたすら書き写す勉強をしていました。もちろんこれだけではありませんでしたが、インプットのための勉強の中心は書き写しだったようです。問題集を解いて間違えた問題があれば、その解説を書き写していました。その姿は版画を彫る棟方志功のように鬼気迫るものがありました。
（そんな非効率的な勉強法を……）と思う人もいるかもしれません。しかし彼は地域トップの進学校に特待生で合格し、その後は大阪大学医学部医学科に進学しました。私は学年一〇〇位あたりをウロウロする成績だったのですが、S君の勉強法をコピーするようになってから三位から五位の常連になりました。

こういう話をすると「書き写す勉強」をすれば成績アップすると言いたいように思われるかもしれませんが、そうではありません。勉強法は皆さんひとりひとりに合う／合わないがあります。他人が紹介する方法を安易に丸呑《の》みするのは危険です。読書も勉強も、自分に合った方法を模索し続けてください。

『漢文名文選』の話に戻ります。はじめのほうで「本なんて好きなものを好きなように読めばいいじゃないか」と書きました。この「好きなように」とは黙読でも音読でも「書き写す読書」でもいいというだけではありません。
本を読もうとするとき、真面目な人ほど最初から最後まで通読しようとします。私はそうはしません。まず「目次」を見て、興味があるものを選びます。最初に気になったのは「螳《たう》螂《らう》之《の》斧《をの》」でした。二二ページを開き、少し読んでみましたが（ちょっと難しいな……。やーめた！）と目次に戻りました。

今度は「風林火山《ふうりんくわざん》」に進みました。ここは黙読だけで済ませました。特に理由はありません。「単にそうしたかったから」としか言えません。その次は「推敲《すいかう》」です。これは書き写すだけで「復文」はしませんでした。これも気分です。私は飽きっぽい性格なのでこんな感じに「読み散らかす」ことがよくあります。「好きなように読む」とはどういうことか、その一例を示しました。

さすがに小説などでこのようにすることはありませんが、「書き写す読書」は物語文でも実践しています。先ほど紹介した『一夢庵風流記』の場面は何度も何度も筆写しました。台《せり》詞《ふ》の部分は慶次郎と兼続になり切って音読しながら、です。

私の「好きなように読む」には他にも「外国語で書かれた文章とその翻訳を読み比べる」「声優さんを勝手にキャスティングして脳内再生させる」などもありますが、この話はまた別の機会にしましょう。

07

プレゼンター

木《き》村《むら》哲《てつ》也《や》

（国立ハンセン病資料館学芸員）

大江《おおえ》満雄《みつお》編『いのちの芽』

（国立ハンセン病資料館、2023年）

小池 次にプレゼンを担当していただくのは、現在、国立ハンセン病資料館で学芸員として働かれている、木村哲也さんです。木村さん、こんにちは！

木村 こんにちは。

小池 木村さん、そして国立ハンセン病資料館と言えば、私にはやはり『いのちの芽』の印象が強いんですよね。私自身も何度も読み返し、そのたびに、言葉を失うほどに心を揺さぶられました。これからも、ずっと読み続けていくと思います。

木村 はい。大江満雄編『いのちの芽』（三一書房、一九五三年）は、本当にすばらしい詩集です。全国八つのハンセン病療養所から七十三人が参加する、複数の療養所からなる合同詩集としては初めてのものでした。刊行から七十年以上になります。

小池 ……恥ずかしながら私は、木村さんや国立ハンセン病資料館のX（旧Twitter）を通じて、初めてその存在を知りました……。

木村 刊行からこの間、一度も再刊されたことがなく、幻の詩集となっていましたからね。

小池 それを、このたび（二〇二三年）、木村さんを始めとした国立ハンセン病資料館のご尽力で復刊した……！

木村 はい。たくさんの人たちの思いに励まされながら、なんとか復刊することができました。

小池 あ……少し出しゃばっていいですか？

木村 ？

小池　私、『いのちの芽』のなかにとくに大好きな詩がいくつもあるんですが、例えば、森春樹さん（長島愛生園）の「指」という作品が、なんというか、強烈に心に焼きついて、うまく言葉にできないんですが、とにかく、もう、体が熱くなる。

木村　すごい詩ですよね。

小池　はい……んー、もう我慢できないので、ちょっと朗読させてもらいます。

指　　森春樹（長島愛生園）

いつの日から　か
指は
秋の木の葉のように
むぞうさに
おちていく。

せめて
指よ
芽ばえよ。
一本、二本多くてもよい。
少くてもよい。
乳房をまさぐった
彼《か》の日の触感よ。

かえれ
この手に。

木村

どうですか、皆さん。ね？　この迫力！　思わず息を飲んでしまうでしょう？

息を飲んでしまう……うん、わかります。わかりますが、ただ……今、小池さんの朗読で初めてこの詩に触れた方の多くは、きっと、「いったいどのようなことをうたった詩なのか」とお感じになったのではないでしょうか。

木村 ふむ……。

小池 もちろん詩をどう解釈するかは読み手の自由です。でも、それでもやはり、この「指」という詩を読むには、ハンセン病という病気について、きちんとした知識を持っていたほうがいいと思うんですね。そうすると、きっと、この作品にも、少し近づけるはずですから。

木村 ……となると、今回のプレゼンは……？

小池 はい。「指」や、それに他のいくつかの『いのちの芽』の詩について、それらを読む際に知っておいてほしい背景などにも触れながら紹介していきたいと思います。

木村 なんと、これは嬉しい……！

小池 皆さんが『いのちの芽』をお読みになるとき、少しでも、そのお役に立てれば。

小池 ありがとうございます！　それでは木村哲也さんによる本のプレゼンです。

木村さん、よろしくお願いいたします！

ハンセン病とは

ハンセン病は、「らい菌」という細菌による慢性の感染症です。かつては「癩（らい）」と呼ばれていましたが、差別的であるとの理由で、現在では菌の発見者であるノルウェーの医師の名前を取って、ハンセン病と呼ばれています。

この病気は、免疫が確立していない乳幼児期に、未治療の患者と濃厚接触しないかぎり感染が起こりません。たとえ感染したとしても、栄養を十分に取り、上水道などの清潔な衛生環境が整っている地域では、発症することはまずありません。現代では有効な治療薬によって、早期発見・早期治療により、完治します。

しかし、有効な治療薬が発見される以前は、皮膚や神経に障害があらわれ、顔や手足など目につくところに後遺症が残るため、見た目を理由に差別されてきました。また、家族感染が多く、そのため患者だけでなく、その家族にも差別が及びました。国も、「恐ろしい伝染病」という間違った宣伝で国民の恐怖をあおり、正しい知識の普及啓発を怠ってきました。

先ほど小池さんが朗読なさった、森春樹（一九一五〜九一年）の「指」は、この病気特有の後遺症により、指が欠損してゆくことをうたっています。それにしても、「指よ／芽ばえよ。」というのは、凄《すさ》まじい表現というほかありません。「乳房をまさぐった／彼の日の触感よ。」というのは、赤ちゃんだったときに、おっぱいを飲むお母さんの乳房の感触でしょうか。それとも相手が恋人やかつての結婚相手であったとしたら、また別の読みが可能でしょう。いずれにしても、かけがえのない感触が失われてしまったことへの絶望と、再生への願いを読むことができます。

近代日本のハンセン病対策の歴史

金魚　　中石としお（大島青松園）
　島のこどもたちに
きっと金魚にも夢があるのだよ

たった二三匹で淋《さび》しいのか
あんなによりそい
ひそひそ話し
たわむれている

金魚の故郷はどこだろう
水面に浮き上ってパクパク空気をすいながらどこかを見ている

金魚の先祖はなんだろう
あるいは赤いすいれんの花かもしれない
花びらが水面にこぼれて
金魚になったのかもしれない。

金魚は　いじけず
あんなせまいガラスの中でくらしている。

国によるハンセン病対策は、一九〇七年「癩予防ニ関スル件」に始まります。当初は路上で物乞いをしながら暮らす患者を対象とする法律でした。全国にハンセン病療養所をつくり、患者の収容が始まります。

法律の性格が大きく変わるのは、一九三一年「癩予防法」に改正されてからです。これにより、すべての患者が隔離の対象とされます。「無癩県運動」といって、各県で競って患者を見つけ出し、療養所へ隔離する運動も行われました。

戦後まもなく、大きな転機が訪れます。一九四七年、プロミンという初めての化学療法の治療薬が登場します。治療の効果も目覚ましいものでした。戦後、従来の隔離を定めた法律を改正する動きが起きたとき、患者側は、治る時代にふさわしい法改正を求めます。しかし、国が提出した法案は、従来と変わらず強制隔離を定めたものでした。患者側は、「らい予防法闘争」と呼ばれるハンセン病史上最大の人権闘争で対抗しますが、一九五三年、国が提案する「らい予防法」が成立し、一九九六年に廃止されるまで存続します。

中石としお（一九二七〜二〇〇一年）の「金魚」は、こうした患者隔離の状況を、金魚鉢の中の金魚にたとえてうたっています。難しい表現はひとつも使われておらず、誰が読んでもわかる内容ですが、この詩の背景には、一般社会から切り離された隔離状況が表現されています。「赤いすいれんの花」という語句が使われていますが、「すいれん」というのは極楽浄土に咲くとされている花です。一見わかりやすい金魚の詩にも、つねに死を意識した時代のハンセン病療養所での人生が織り込まれているのです。

戦後ハンセン病文学の新生面

鬼瓦《おにがわら》よ　　谺《こだま》雄二（栗生楽泉園）

僕は、地べたを這《は》い
赫土《あかつち》の香気をかぐ。
ときどき空をみる。
鬼瓦よ。

地上に僕という小さな呪詛《じゅそ》者がいるのだ。
おまえの顔もすごいな。

おまえの顔の後に月がいる。
おまえの上を鳥が飛ぶ。

鬼瓦よ。
おまえをみていると僕は勇気がでる。

呪咀する勇気。
その中に微《かす》かな純血性がある。

太陽と
気流の層。

鳥は飛ばなければならぬ。
獣は地を這わねばならぬ。
僕は、歩かねばならぬ。
僕は鬼瓦に危険信号を視《み》た。

ハンセン病療養所における文学活動は戦前から盛んで、芥川《あくたがわ》賞候補ともなった北條民雄の小説「いのちの初夜」（『文學界』一九三六年二月）や、ベストセラーとなった明石海人の歌集『白描《はくびょう》』（改造社、一九三九年）などが知られています。

しかしながら、多くの療養所では、文学は「秩序維持」や個人の「自己修養」の枠内で許される場合がほとんどでした。そこでは隔離政策への批判は許されませんでした。

戦後の状況は、療養所の文学を一変させます。日本国憲法による基本的人権の尊重と、新たな治療薬プロミンの登場は、精神的にも肉体的にも入所者に大きな変化をもたらしました。自らの境遇を「宿命」とするのではなく、変革可能な未来ととらえる人たちもあらわれたのです。

谺雄二（一九三二〜二〇一四年）の「鬼瓦よ」は、ハンセン病特有の後遺症が、顔にあらわれて自分の顔が鬼瓦のように見える、というところから発想されています。「おまえの顔もすごいな。」という表現は、乾いたユーモアさえたたえています。しかし、顔貌の変化を「呪咀」するだけではなく、「鳥は飛ばなければならぬ。／獣は地を這わねばならぬ。／僕は、歩かねばならぬ。」と鮮烈な言葉をたたみかけて、鬼瓦に別れを告げ、前進する意思が高らかにうたわれます。

詩集『いのちの芽』が刊行されたのは、「らい予防法闘争」のさなかの一九五三年のことでした。隔離政策の不条理に直面しながらも、外部社会に向けて希望・連帯・再生を希求する新たな文学の姿を、この詩集には見ることができます。

「未来は変えうる」という希望を保ちつづける

幻想　　島比呂志（星塚敬愛園）

ほの暗い渓流のほとり。

白樺《しらかば》の木の葉が揺れる。

空はアイヌのいれずみ色。
私は檻《おり》で見た熊を想像した。

私は現代へのあこがれを失い、
毒矢を射る古代を想っているのだ。

わたしの胸の中には、
熔岩《ようがん》のような呪《のろ》いがあるのだ。

だが　天空へ水晶の橋をかけよう。
太陽より未発見のものをかちとろう。

わたしたちのための癩院は、熊の檻ではない。

未来への想像があり希望があると、もうひとつの心がいう。

ハンセン病隔離を定めた法律「らい予防法」は、一九九六年に廃止されます。しかし国は、隔離政策による人権侵害の責任を認めようとはしませんでした。そこで、一部の入所者が立ち上がり、一九九八年に「らい予防法違憲国家賠償請求訴訟」が提起され、二〇〇一年原告全面勝訴の画期的な判決が出ます。国による隔離政策が憲法違反であったという司法判断が確定したのです。

この裁判の最初の原告の一人は、『いのちの芽』の参加者でもあった島比呂志（一九一八〜二〇〇三年）でした。その後、原告に加わった谺雄二も同様に裁判で中心的な役割を果たします。

島比呂志の「幻想」は、自分たちの暮らす療養所を「熊の檻」にたとえながらも、この先もそうであってはならないと、「未来」や「希望」がうたわれています。島比呂志は国賠訴訟によるハンセン病問題の解決を目指す晩年まで、詩集『いのちの芽』を出したときの、「未来は変えうる」という理想をあきらめることなく保ちつづけたことになります。一九五三年の詩集刊行から、二〇〇一年の判決確定まで、四十八年が経過していました。

「来者《らいしゃ》」と出会うために

詩集『いのちの芽』を編集した大江満雄は、一九〇六年高知県生まれの詩人です。少年時代に水害で一家離散し、父と東京に出て、働きながら詩を書き始めます。戦前はプロレタリア詩運動の中心で活躍しますが、やがて治安維持法で検挙され、獄中での転向を余儀なくされます。その後、戦争詩を書きました。戦後は、キリスト教的ヒューマニズムにもとづく抒《じょ》情《じょう》的思想詩を多く発表しました。

一九五〇年代からハンセン病療養所の詩人たちと出会い、ともに詩を書き、一九九一年に八十五歳で亡くなるまで、四十年余におよぶ交流をつづけました。

私は中学生のころ、大江満雄と会ったことがあります。東京宿毛《すくも》会という、東京近辺に在住する高知県宿毛市出身者の集まりの席上でした。当時八十歳であった大江は、中学生の私をけっして子ども扱いすることなく、情熱を込めて詩を書くことについて語りかけてくれました。

その後、一九九一年に大江満雄が亡くなったことを新聞の訃《ふ》報《ほう》で知ります。私は大学生でした。中学生の時に強烈な印象を残した大江についてもっと知りたいと思いました。しかし当時、大江の詩集はすべて絶版で、入手が不可能でした。そこで、大江の著作集を出せないかと思い立ち、やがてそれは多くの協力者を得て、『大江満雄集　詩と評論』（思想の科学社、一九九六年）として実現します。その編集の過程で、大江が全国のハンセン病療養所の詩人たちと長期にわたって親交をもった事実を知ります。

そこで大学時代は、全国のハンセン病療養所に、大江満雄をよく知る人たちを訪ねて、当時、どのような交流があったのかを記録する作業をつづけました。『いのちの芽』に参加した当時は二十代の若者であったハンセン病療養所の入所者に、大江は中学生の私にしたように、詩を書くこと、生きることについて情熱的に語りかけたと、みな口をそろえて証言するのでした。そして、詩を書くこと、差別的な制度撤廃の闘いへの思いをともにしたことなどを、今度はみなさんが熱っぽく私に語りかけてくれるのでした。

私が現在、国立ハンセン病資料館で学芸員として働き、こうして『いのちの芽』という詩集の素晴らしさを伝える仕事をしているのも、すべては大江満雄や療養所の詩人たちとの出会いの経験が元になっています。彼らの声を、誰かが伝えなければ、歴史の中に埋もれてしまう。『いのちの芽』というなかば忘れられた詩集を七十年ぶりに復刊したのも、彼らの思いに支えられています。

大江満雄が、ハンセン病との出会いの中で生み出したものに「来者」という言葉がありま す。

もともと『いのちの芽』は、大江によって『来者』という書名が予定されていました。「来者」とは、「来たるべき者」の意味で、「癩」という忌み嫌われてきた病気の名前に別字をあて、ハンセン病者を、我々に未来を啓示する存在であると考えた、大江による造語です。

この「来者」の思想は、『いのちの芽』参加者にも受け継がれており、例えば、長島愛生園の志樹逸馬という詩人は、『いのちの芽』に発表した「癩者」という詩を、作品内容はそのままに、タイトルだけを「来者」と変えて創作ノートに書き残しています。

谺雄二は、のちに「ライは長い旅だから」という詩の中に、「ある詩人は、「ライ者は来者」と書いた」という詩句をしのばせました。

島比呂志は晩年、らい予防法体制の変革を求める評論集に『来者のこえ』というタイトルを付けました。

いずれも、大江と「来者」の思想を共にして『いのちの芽』に参加した詩人たちによる応答といえるでしょう。

いま、私たちに残された『いのちの芽』という詩集は、まさに「出会われるべき詩集」として手元にあります。本詩集を手に取る人たちにとっては、それぞれに、未知なる詩人たちが、来るべき者として出会いを待っています。

◎参考文献
・大江満雄編『いのちの芽』（三一書房、一九五三年）
オリジナル版の詩集は版元品切れですが、二〇二三年に国立ハンセン病資料館で復刊しました。在庫がある限り、来館者には無料で配布しています。
・『国立ハンセン病資料館　常設展示図録』（国立ハンセン病資料館、二〇二〇年）
日本のハンセン病の歴史や、国による隔離政策の問題点などを図版豊富にわかりやすく解説しています。来館者には無料で配布しています。
・若松英輔編『新編・志樹逸馬詩集』（亜紀書房、二〇二〇年）
・冴雄二『ライは長い旅だから』（写真・趙根在、皓星社、一九八一年、二〇〇一年に皓星社ブックレットとして復刊）
・島比呂志『来者のこえ――続・ハンセン病療養所からのメッセージ』（社会評論社、一九八八年）
文中で紹介した、『いのちの芽』参加の詩人たちの作品の一部です。版元品切れの本でも、国立ハンセン病資料館の図書室ですべて閲覧・貸し出しが可能です。
・木村哲也『来者の群像――大江満雄とハンセン病療養所の詩人たち』（編集室水平線、二〇一七年）
『いのちの芽』の編者の大江満雄は、なぜハンセン病療養所の詩人たちと長く親交をもったのか？　そこにも大きなドラマが秘められています。ハンセン病療養所の外部から問題に近づき、共に闘った詩人の記録もあわせてご覧ください。

コラム

隠れて本を読もう

読書猿《どくしょざる》（独学者／著述家）

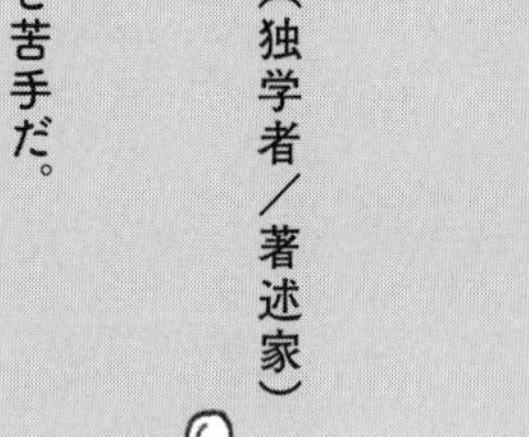

本を読むのも苦手だが、本を勧めるのはもっと苦手だ。

勧めれば勧めるほど人がその本から遠ざかる、そんな経験を何度もしてきた。

こんな悲しい目にあうのはきっと、私が人が勧める書物を読んでこなかったから、むしろ積極的に避けてきた天邪鬼《あまのじゃく》な人間であるせいかもしれない。

世界を呪っているうちに自分に同じ呪いをかけていたのだろう。

若い頃、私は「大人が勧める本なんて絶対に読むものか」と思っていた。そしてそ

の信念の通りに十代を過ごした。

多くの大人たちが勧めるものだから、ずっと以前から存在だけは知っていたのに、読むのはずっと後回しになってしまった（そして大いに後悔した）書物もたくさんある。

私は、この本の読者にもきっといるはずの、そんな天邪鬼に向けて書く。

自分では決して本を読まない人たちは無邪気に吹聴《ふいちょう》するだろう。読書は良いことであると。

私は、人を読むことから遠ざけるこの呪いに対抗する、そんな呪文を唱えたい。

読むことは決して善ではない。

読むことは後ろめたいことだ。

読書は淫靡《いんび》な喜びであり、密《ひそ》やかな楽しみだ。

だから私は悪い大人を代表して、天邪鬼なあなたにこう言おう。「読書はあなたにはまだ早い」と。

読書は、あなたに背伸びすることを、実際よりも大きくあろうとすることを、つまり嘘をつくことを要求する。

ありのままの自分にとどまっていては何かを読むことは叶わない。

悪い大人の戯言《ざれごと》を振り払い、それでもあなたがなにか読もうというなら、すでに読んでいるものがあるなら、こんなアドバイスをする。

誰にも見せられないような本を読むこと。そして読んでいること自体隠し通さなければならないこと。

繰り返す。読書は危険で後ろ暗いことなのだ。

だから私たちは隠れて本を読もう。

どんな本を読んでいるかはもちろん、何かを読んでいることだって誰にも教えなくてもかまわない。

誰だって魂の内に、息をつける秘密の場所を持っていていいように。

孤独とは何か、何のために存在するのか知るために、一人で本を読もう。

孤独を感じるのは心に血が通った証拠だ。魂が呼吸を始めたのだ。

08

プレゼンター

御《み》手《た》洗《らい》靖《やす》大《ひろ》

（和歌研究者）

谷《たに》知《とも》子《こ》
『和歌文学の基礎知識』

（角川選書、2006年）

小池　次なるプレゼンターは御手洗靖大さんです！　御手洗さん、こんにちは！

御手洗　ごきげんよう〜。

小池　おおお、これは期待通りの狩衣《かりぎぬ》&烏帽子《えぼし》の装い！

御手洗　おほほほほ。

小池　古文の教科書から飛び出してきたかのような御手洗さん、なんと見た目だけでなく、中身も貴族なんです。驚くなかれ、鎌倉時代から続く和歌の名

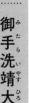

御手洗 門、あの冷泉《れいぜい》家の門人でいらっしゃる……！

毎月京都で歌を詠《よ》んでます。春と秋には京都の城南宮で催される「曲水の宴」の歌人にもなります。よかったら見に来て下さいね。あ、「曲水の宴」っていうのは、盃《さかずき》が流れる川の前で歌を詠むあれですね。あと、心の花という所で現代短歌も作ります。

小池 ……すっげ。ガチの歌人なわけですね。しかも御手洗さんは、研究者でもあられるんですよね。

御手洗 日本学術振興会特別研究員として、古典の研究をしている大学院生です。真の姿はこちらですね。専門は、ズバリ、平安時代の和歌です。

小池 実作だけではなく、研究にも従事なさる……研究者を目指されたのには、何かきっかけでもあったのですか？

御手洗 指導教授と和歌の贈りあいをして師弟の契りを結びました（笑）

小池 研究者になったきっかけすら貴族！

御手洗 そういうことになるんですかね〜。

小池 そしてそんな御手洗さんは、現在、都内の中高一貫校で国語の先生もなさっているわけですが……実際、どうです？　中高生の皆さんって、古典、とりわけ和歌を苦手とする人、少なくないですよね。

御手洗　はい……。確かに和歌って、難しいですよね。

小池　恥ずかしながら、私もその昔、ごまかしごまかし古文を教えていたことがあるのですが……正直、和歌を教えるのは苦手でした。とくに、縁語が……。

御手洗　今日紹介しようと思っている一冊は、まさにその縁語、いやそもそも和歌なんてなんで学ぶの？　という皆さんにぜひ読んで欲しい、最高の本です。和歌は確かに簡単ではありません。でも、和歌を楽しめるようになると、大げさではなく、自然や世界との付き合い方が変わるんです。私は、生き方も変わっちゃいました。

小池　これは期待しかありません……！　和歌の実作者であり、研究者であり、そして国語の先生でもいらっしゃる御手洗さん一押しの本とは……？　それでは御手洗靖大さん、よろしくお願いいたします！

問わず語りの和歌との出会い

五、七、五、七、七。和歌である。古代から、なぜかこの三十一音の歌に魅了される人々が後を絶たない。私もその一人だ。

百人一首カルタ――「ちはやふる〜」とか「神のマニマニ〜」とか――これは和歌だ。正月にデカい神社でおみくじを引けば、なにやら昔の言葉が書いてある。多分、それも和歌だ。校歌が五音と七音でできていたらそれも……和歌（の名残？）、かも、しれない……。多くの人は知らず知らずにそれを知っていて、学校の授業で和歌ということを改めて知る。

そんな和歌だが、実は忙しい現代人にぴったり。たったの三十一音（一、二行）で楽しめるんだから。問わず語りに私の和歌との出会いを聞いていただこう……。

ここに、豊頬《ほうきょう》の美少年がいる。中学二年生のミタライ君である。体育と数学はちょっと苦手だが、成績優秀、剣道部の部長もこなしちゃう優等生。しかし、彼には唯一の悩みがある。昼休みが長過ぎるのだ（物の情趣を解する心ある友達がちょっと見つからなかったのだ）。

図書館は遠く、あまり好みの本がない。この時間をいかにせむ、と、ある時机の中をさぐれば、国語便覧があるではないか。

国語の時間に教科書と共に購入する、資料集のようなもの。多くの文学作品の冒頭文が載っている。これを読んで過ごそうと、ペラペラ眺めると、なんとも面白い。『源氏物語』は始めの三行が載っているが、さっぱり分からない。けれども、和歌や短歌や俳句は、一行で立派な作品。昼休みの度に、列挙される歌や句の現代語訳を読み、言葉で立ち上がる世界の広大さに惹かれていったのだった。

その中でも特に惹かれたのがこの一首。


花誘ふ比良《ひら》の山風吹きにけり漕《こ》ぎ行く舟の跡見ゆるまで　（新古今集・春下・宮内卿《くないきょう》）

私は言葉だけで広がる絶景に恐れおののいた。お分かりいただけるだろうか……。

せっかくなので、和歌の読み方も示しつつ、解釈してみよう。

和歌と出会ったら、五・七・五・七・七に／《スラッシュ》をいれるといい。そうして、句切った句の中で現代の言葉にしてみる。そうしたら句と句をつなげて、「。」の入る切れ目を探す。

「花を誘う／比良山からの風が／吹いたのだなあ。／漕いで行く舟の／跡が見えるまで」と現代語にできる。しかし、穴だらけでよく分からない。補ってみよう。「花を誘う比良山からの風」を考える。比良山は辞書によると、滋賀県の琵琶湖《びわ》の西側にある山で、昔から桜の名所。だから、ここでも比良山の桜が満開になっているのだろう。

では、風は花をどこに誘うのだろうか。山風は辞書によると、山から低いふもとに吹き込むもの。だが、ここだけでは分からない。分からないのに、「花を誘う／比良山からの風が／吹いたのだなあ。」と、いったん文が切れている。ここまでが上の句。

なんのこっちゃ！　と思いながら下の句を読むと、「漕いで行く舟の／跡が見えるまで」とある。水面である。あ！　風は花盛りの比良山から、琵琶湖の水面に吹き込むのか！　と気づく。下の句で謎《なぞ》が解けるようにできている。和歌は上から順番に解釈すると作者の企《たくら》みが分かる。

その琵琶湖一面に比良山の桜の花びらが散り敷いていて、さらに、ツーーっと小舟が一葉通れば、その水面だけサーーっと花びらがよけていく……。もの凄い絶景が目の前に現れた。

この和歌が私を敷島《しきしま》の道（和歌の世界）に誘《いざな》い、今に至る。まったく、作者の宮内卿（鎌倉時代の歌人）には責任をとって歌の才能を分けて欲しいものである。

■谷知子『和歌文学の基礎知識』

高校生になったミタライ君が図書館で見つけたのが谷知子『和歌文学の基礎知識』だった。和歌の入門書であるが、あなどるなかれ。第一線で活躍する研究者が二百ページほどで和歌の重要なテーマを網羅して語るスッゴい本なのである。

受験勉強に和歌を勉強せねばという人には、この本のレトリックの解説は必読だろう。たとえば、和歌に現れる五文字の語で特定の語を召喚するものを枕詞《まくらことば》という。本書では、枕詞は**「和歌を和歌たらしめるために使われるようになった」**ものと解説する。だから普通に意味の分かる言葉ではない。つまり枕詞は、導かれる言葉とともに覚える必要がある。

さらに私から一言付け加えるとすれば、入試によく出る王朝文学の和歌において、枕詞は歌全体のテーマとなることが多い。「あしひきの」ときたら山の和歌が詠まれ、「からころも」ときたら衣服の和歌が詠まれる。そういうフリになっていることが多いので要注意だ。

受験生泣かせのレトリックといえば、縁語だろう。縁語は**「ことばの連関」**で選ばれる語のこと。大事なことを本書では次のように説明している。

縁語は**「一首の主旨（今宵の月は美しいとか、恋人に会えなくて寂しい、など）と関《かか》わらない」**。**「縁語をもつ和歌は、二重の意味をもつことば（多くは掛詞）を基点にして、二つの**

流れが並行しているものが多く、縁語はその一方の流れにのみ属している」。

つまり縁語とは隠すものであり、分かるヤツにだけ分かるもの。作者からの挑戦なのだ。有名な歌でこれを示してみよう。『伊勢物語』九段、いわゆる「東下《あずま》り」の話から。あることで絶望した男は、気心の知れる友達をつれて、京都を離れ、行くあても道も知らずに東国へ旅をする。愛知県あたりで、カキツバタが美しく咲いている。そこで休憩していると、友達がこの旅の心を歌にしてよと言うので、主人公の男はこんな和歌を詠む。

からころも着つつなれにしつましあればはるばるきぬる旅をしぞ思ふ

（伊勢物語・九段）

そのまま現代語にしてみよう。「からころも」は衣服に関する語を呼ぶ枕詞なので、そのままにしておこう。「からころも／着続けて身になじんだ／着物の裾の部分があるので／はるばるやってきた／この旅を思うよ。」どこが旅の心なのか分からない。

枕詞はフリである。「からころも」と来たから、衣服の和歌かと思うではないか。事実、「着る」、「褄《つま》」、「馴《な》れ」と衣服に関する言葉がちりばめられている。あ！「はるばるきぬる」には「張る（布をピーンと張って干す）」や「着ぬる」もある。これらが縁語だ。しかし、本当に伝えたいのは着物のことではない。

「つま」を衣服の和歌と思い込んでいたから「褄」と解釈したが、実は「妻」という意味をも含んでいる。そうすると、「からころも／着続けて身になじんだ／着物の裾の部分ではないが、京に慣れ親しんだ妻がいるので／はるばるやってきた／この旅を思うよ。」愛する人を置いてここまでオレ達はやって来たんだよな、という歌になる。

枕詞で、今から衣服の和歌を詠みますよ～と思わせ、さらに縁語で巧妙に衣服の歌だと納得させる。和歌の分からない者は、旅の心ではなく、旅の衣《ころも》の歌だと思い込んでしまう。

ところが、聞き手の友達は「つま」と聞いて、ハッと京に置いてきた妻を思い出す。友達も和歌の分かる人達であって、縁語で隠した主人公の本当の気持ちが分かるのだ。歌が詠まれると、皆で大号泣をしたと書いている。歌の心が通じる心の友といえるだろう。

レトリックを使う歌人の気持ちがお分かりいただけただろうか。

ほんとうの心、ほんとうの世界

和歌はレトリックだけではない。大事なことはもっとたくさんある。

歌は、ほんとうの心を言葉に乗せたものである。これは、いつの時代の歌人も大事にしてきた理念だ。けれど、ほんとうの心それだけを言葉にしようとすれば、どれほど言葉というものがちっぽけか、すぐに気づくだろう。あなたが好き、愛してる、おまえが欲しい……そんな言葉では掬《すく》いきれない心と私達は千年変わらず向き合い続けている。

取り出せない心を、古代の人々は自然の景物に託して表現しようとした。和歌に自然の景物が欠かせないのはこのためである。やがて、人々は良い歌を繰り返し読み、そこに詠み込まれた景色を身体に取り入れ、歌を詠んで自分のものにしていく。その中で、ある特定の自然の姿が歌にふさわしいものとなり、そこに美を見いだすようになった。

和歌の自然について、重要なことがこの本の「はじめに」に書いてある。次の指摘だ。

……たとえ自然を詠んでいても、人間の心情を詠んでいても、和歌に詠まれる限りは、自然そのものでも、ありのままの心情でもありません。荒ぶる自然は箱庭化し、人間にとって理解できる文化へと変質させたうえで、初めて和歌の素材となりうるのです。

和歌で詠まれる心も自然も、ほんとうのものではない。ここが和歌のつまらなさであると批判する人もいる。しかし私は、ある出来事を経て、全く逆の思いを抱いた。

この本を読んでいたころ、ちょうど東日本大震災が起こった。

連日テレビから流れてくる圧倒的な世界に言葉を失った。これが現実に起き、自分も感じたあの揺れが多くの人々の苦しみと悲しみにつながっていて、自分には何もできないということ。現実世界が言葉を越えるとき、言葉を失って途方にくれてしまうことを思い知った。

その中で、「荒ぶる自然は箱庭化し、人間にとって理解できる文化」になっている歌の世界の自然を考えた。さまざまな記録を見るとよい。和歌の詠まれた古文の時代は、自然も人の心も、人間の理解をこえる得体の知れないものに容易になる世界だったではないか。圧倒的な現実は人間から言葉を奪う。文学はありのままを、今を、伝え得ない。そのままでは文学になれないのだ。

そこに、辛うじて心のごく一部を掬い取ってくれる文化（型といってよいだろう）があることは、ある意味、救いではないか。すくなくとも私はこの言葉に救われた。

言葉を取り戻すために、先人の言葉を借りてみる。陳腐でよい。言葉を取り戻してから自分の文学にすればよいのだ。圧倒的な現実に言葉を奪われた先人達は、そうして現実と心と向き合ってきたのではないか。

今この世界でも、（残念ながら）この営みは全く意味のないものとは思えない。私達には、和歌という表現がある。この本と出会ってから、そんなことを考え続けている。

※和歌の引用は『新編国歌大観』によるが、私意により表記を改めた。

09

プレゼンター……小川《おがわ》貴也《たかや》（中高教員）

工藤《くどう》真由美《まゆみ》・八亀《やかめ》裕美《ひろみ》『複数の日本語——方言からはじめる言語学』

（講談社選書メチエ、2008年）

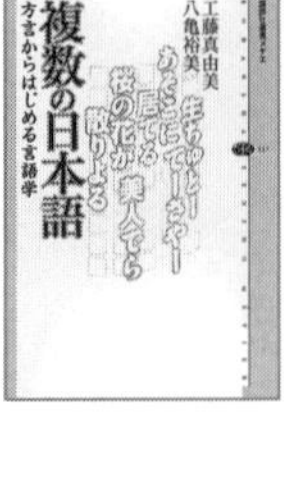

小池　さあ、続きまして小川貴也さんの登壇です！　小川さんは、中学高校の国語の先生で、現代文、古文、漢文、そして小論文も担当なさっていて……あ……

小川　こんにちは……なんですか、そのがっかりした感じの顔は……

小池　え、いや、その……今日は甲冑《かっちゅう》ではないんですね……風のうわさで、いつも甲冑姿で授業をなさると耳にしていたもので……

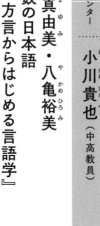

小川　いつもなわけないじゃないですか！　時々ですよ、時々！

小池　で、ですよね（時々は本当に甲冑なのかあああい！）。ところで小川さんは、確か国語の先生になるために、いったん大学を卒業なさって就職されながら、再度、大学に通われたんですよね。

小川　はい。わけあって。学士入学というやつですね。最初は会社で働きながら勉強していたのですが、最後は就職していた会社を辞め、昼夜のアルバイトをこなしながら大学に週四で通うという生活でした。

小池　ハードですね……。でも、それほどに国語の先生になりたかった、と。きっと子どもの頃から、国語が大好きだったんでしょうね。

小川　いや、それが、全然。むしろ、国語というか勉強は好きではなかったです。高校一年生のときなんて、先輩に誘われて入部した弓道部にのめり込んで危うく留年しかけちゃって、それで顧問や学年主任からは「部活をやめるように！」だなんて（笑）

小池　そりゃすごい！

小川　ただ、そのなかで「弓道に関する書籍や古典を読みたい！」って思うようになったんですよね。あと、部のOBと同じ大学の同じ弓道部に入りたくて、無事に合格、そこで出会った弓の先生から「弓道を続けるなら漢文を勉強するように」と助言をもらったことも大きかった。それで現在、こうして漢文も教えているんですからね。ちなみに今、漢文での学びをきっかけに現代中国語も独学しているところです。

さまざまな人や出来事との偶然の出会いが、一生の仕事である「国語」とめぐり合わせてくれた——ということですね。そんな小川貴也さん、いったいどんな本を紹介なさるのか。とてもわくわくします。よろしくお願いいたします！

小池

みなさん、こんにちは。中高一貫校で国語科教師をしている小川貴也と申します。今回、私は『複数の日本語——方言からはじめる言語学』という本を紹介します。本書は出版から十年以上経っていますが、いくつかの理由があって取り上げました。最も大きな理由は、この本が世界の見方を変え、世界を広げるということを体験させてくれる一冊だからです。

本書を読む場合、学校で習う現代語や古典語の文法、英文法などについて一通り学んでから読んでみるとよいでしょう。基礎的な文法知識があれば読み進められますし、本書を通じて学習した内容を一層深められます。書店や図書館で見つからない場合は電子書籍版を利用してみてください。また、方言に関する言語政策の歴史や、近年の言葉をめぐるさまざまなトピックについて確認したいという方は『国語をめぐる冒険』（岩波ジュニア新書、二〇二一年）の第五章、仲島ひとみさんによる「言葉の地図を手にいれる」を読んでみてください。

「方言」と「標準語」

タイトルにあるようにこの本は方言と呼ばれるものをテーマにしています。私の出身は千葉県南房総なのですが、つい、「おいねぇ（良くない）」、「おっぺす（押す）」、「～しやっしぇえお（～してください）」といった自身の出身地域の方言を使ったりすると、「千葉県に方言があるの!?」と驚かれます。みなさんも千葉県で方言というのは意外に思いますか。また方言というものにどのようなイメージを持っていますか。現在では「かわいい」「うらやましい」という印象を持つ人も増えていると聞きますが、一方で「標準語とは異なる」「正しい日本語ではない」という印象を持つ方もいるかもしれません。

しかし「標準語」や「正しい日本語」といった概念は歴史のなかで「中央」とされた地域を基準として作られた便宜的なものに過ぎません。同様に方言という概念も相対的なものでしかありません。筆者の工藤真由美さんはあとがきで、「本書は、「美しい日本語、正しい文法」を裏切る「スティグマを負った日本語変種、多様な文法」の反国語的な活力を取り出してみようとした、ささやかな試みである」と述べています。「スティグマ」とは一般とは異なることから偏見の対象となってしまう属性やイメージのことです。このように本書は、方言を珍しいものとして面白おかしく紹介したものではなく、言語学の知見から方言が「標準語」とは別の豊かな世界を持つことに気付かせ、言葉や社会について考えるきっかけを与えてくれる書籍なのです。

さて、本書でも多用される「標準語」という言葉ですが、現在では「共通語」という言葉の方が使われており、同じものだと思っている方もいるでしょう。しかし両者は本来異なる概念を持つものです。一般的に「標準語」とは、ある言語の中で規範的、正式な言い方と見なされる言葉を意味し、「共通語」は異なる言葉を使う人同士が意思疎通のために用いる言語という意味で用いられます。

以上のことを念頭に置き、本書の内容をみていきましょう。

言葉から世界を見る

本書では各章の冒頭で各章のテーマに関連する文を提示し、本論に入っていきます。例えば「桜の花が散りよる／散っとる」と題された章では、

桜の花が散っている。

――この文を見て、あなたの頭にはどちらの絵が先に浮かんだだろうか。

(1)桜の花びらがすでに地面に到着して地表にある状態

(2)桜の花びらが枝から地面に向かってはらはらと動いている状態

という質問から始まり、「「時間的なすがた」の捉《とら》え方」について、英語との比較も交えながら次のようなことが紹介されます。

「標準語」では動きのある事態の時間展開を表す時に「スル」と「シテイル」という二つの

形式を使い、「シテイル」には「動作の進行」、「結果」という別の意味を表す機能が負わされています。しかし西日本の諸方言は「動作の進行」、「結果」の表現形式が異なるシステムを持っています。愛媛県宇和島方言では「スル」「ショル」「シトル」の三つの型を持ち、「スル」は「標準語」と同じように「動きをひとかたまりにとらえ」、「ショル」は「動きが進行中であること」を、「シトル」は「過去にすでにそのような出来事が起こっていて、その結果などが残っていること」を基本的に表します。つまり「木が倒れよる」といった場合は木が今まさに倒れつつあることを、「木が倒れとる」は木が倒れてそのまま横たわっていることを表現しています。

いかがでしょうか。多くの方は「文法」と聞くと、無味乾燥、知らなくても困らないといった印象を抱くかもしれません。しかし、普段何気なく使っている「シテイル」（もしくは「ショル」「シトル」）という表現について文法という観点から分析的に考えてみると、自らの言葉について実はよくわからずに使っていたことや、自分とは異なる世界の捉え方があることに気付かされ、世界の見え方が変わってくるのではないでしょうか。

この「文法」について本書では次のように述べます。

……文法は「きまり」であり、絶対的・固定的なもののように思われてしまう傾向があるのだ。しかし、本書でも何度も確認しているように、文法とは、コミュニケーションという極めて人間的な活動を成り立たせるために産み出された「社会的な約束事」であって、決して固定的なものでもなければ絶対的なものでもない。変化し続ける社会のなかで、より円滑なコミュニケーション活動をするために、人々はさまざまな工夫をしていく。

「文法」だけではなく、人間のさまざまな営みに通じるものを感じるのは決して私だけではないでしょう。人間は一人では生きていけないからこそ社会を作り、他者と共に生きています。法律や経済、科学なども本来は「変化し続ける社会のなかで、より円滑なコミュニケーション活動をするため」のものであるはずです。このように本書は方言という視点から、他の学問分野や人間、社会などについても考えるきっかけを与えてくれます。

言葉と「中心化」

本書は最後の章で「言語接触」について取り上げます。「言語接触」とは簡単にいうと、複数の言語が接触することで新しい言語表現が生み出されていくことです。筆者は章のはじめて接触によって生まれた言語について、「従来はどちらかと言えば「純粋ではなく雑種の言語」「崩れた粗野な言語」というように好奇の目でみるような傾向が残念ながら少なからずあった」けれども、現在では「創造的な言語再構築プロセスの研究」となっており、「あらゆる言語の発達や変化の秘密を解く鍵《かぎ》を与えてくれる研究として熱い視線を浴びている」と述べ、沖縄における「ウチナーヤマトゥグチ」やブラジルに移民した日系人などの例を取り上げます。そして章の終わりは次のように結ばれていきます。

このように言語接触の諸相を観察すると、そこからは言語活動というものの本質が見えてくる。言語活動というのは単に受身で言語を理解することではない。言語というものを使って、話し手が一生懸命伝えたいことを組み立てて話し、それを聞き手が理解しようとするという積極的な活動である。

（中略）

日本語をさまざまなバリエーションの複合体とみなし、それぞれのバリエーションが提起する諸問題をグローバルな視点から再度とらえ直すことは、標準語の優位性に縛られた状態からの脱却を意味している。どのような学問分野でも、脱中心化の視点はパラダイム

〔＝何かを考えるときによって立つ枠組みのこと（プレゼン者注）〕を大きく展開し、次のステージへと誘う道筋を拓《ひら》くきっかけとなる。

私は日本の古典を専門としていますが、右の言葉はこの古典というものについてもいろいろと考えさせてくれます。古典というと昔から変わらない価値観や、日本人の美意識を学ぶものだと言われることがありますが、一歩立ち止まって「伝統」「日本人」といった言葉について考えてみてください。たとえば学校の古典で取り上げられる作品は平安時代を中心とした作品が多く、話題の中心も京の貴族階級です。高校や大学受験で「古典常識」と呼ばれるものはその典型です。もちろん平安貴族以外を描いた作品も教科書に掲載されていますが、いずれの作品であってもそこに描かれている価値観や美意識、描写される季節感や風景はすべての「日本人」に共有されているもの、されるべきものと無条件に受容してしまってよいのでしょうか。たとえば、現在は日本の範囲として含まれる北海道や沖縄、海外にルーツのある方のことなどを考えれば「標準」「伝統」「日本人」という言葉の使用には慎重にならざるを得ません。

言葉と「創造力」

「国語」や「標準語」というものができたのは明治時代だと言われます。統一的な近代国家として人々の意識を統合し、軍隊などで意思疎通するため、規範となる言葉が必要とされたのです。「標準語」は学校教育やメディアなどによって広まり、各地域の言葉は誤ったもの、下品なものと見なされ、地域によっては撲滅運動まで起きました。言語そのものに優劣はないのにもかかわらず、特定の言葉が「標準語」と位置付けられたことによって、各地域の言葉や文化を追いやり、「中心」として周囲を抑えつける存在になってしまったのです。戦後は方言に対する見方も変わり、「標準語」も「共通語」という表現に置き換えられ、現在方言はバラエティ番組などでも扱われる一種の娯楽や消費物のような存在にまでなっています。この動きは過去への反省の表れの一つでしょうが、一方で「中心化」の問題を見えにくくしているという側面もあるように思います。「中心化」の問題は言語以外のさまざまな領域にも世界規模で存在しており、私たちは常に分断や対立、排斥の危機に直面しています。見えにくくなっている問題、新たに生じつつある問題に気付くためには歴史的経緯など、さまざまなことを知ることが必要です。出版から少々時間の経過している本書を取り上げた理由はここにもあります。

言葉は人間にさまざまな恩恵をもたらしましたが、同時に世界を分節して他者を排除するといった問題も引き起こしました。私たちは言葉を、他者を排除するものではなく、人間の可能性を広げ、他者とのつながりを作り、新たな価値を創造するものにしていかなくてはなりません。さまざまな課題を抱える現代だからこそ、目先の効率や利益だけを追うのではなく、たくさんのことに触れ、学んだことをどう広げ、どう活《い》かしていくのかを考え続けることが一層必要になると思います。読書という営みが、みなさんの未来を拓くきっかけの一つとなることを祈りつつ、本プレゼンを終えたいと思います。

10

プレゼンター

渡《わた》辺《なべ》祐《すけ》真《ざね》（スケザネ）

（書評家）

小《お》川《がわ》洋《よう》子《こ》『物語の役割』

（ちくまプリマー新書、2007年）

小池　では、次に書評家、そして書評系YouTuberでもいらっしゃる渡辺祐真（スケザネ）さんにご登壇いただきます。スケザネさん、こんにちは。お久しぶりです！

渡辺　お久しぶりです〜。

小池　いつぞやのトークイベントでは、本当にお世話になりました。本や読書について好きなようにおしゃべりさせてもらって、とても楽しかった！

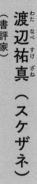

渡辺　ですね〜。僕も楽しかったです。

小池　その後の餃子《ぎょうざ》もおいしかった〜。

渡辺　また行きましょうね！

小池　ぜひぜひ♫　ところでスケザネさん、書評家というお仕事について、十代のなかにはもしかするとピンとこない人もいるかもしれません。

渡辺　そうですよね。えーと、書評家というのは、ざっくり言えば、本を紹介する仕事です。この本が面白いとか、この本にはこんな価値があるとか、そういった本にまつわる情報を発信しています。

小池　運営なさっているYouTubeチャンネル「スケザネ図書館」でも、そうした動画をたくさん公開されていますよね。皆さん、ぜひ、ご覧になってください。あと、「毎日新聞」の文芸時評もご担当なさっていましたよね。

渡辺　はい。毎月、その月のオススメ本を紹介するという連載ですね。

小池　あとは、「スピン／spin」（河出書房新社）、「短歌研究」（短歌研究社）などでも連載をお持ちで、「すばる」「新潮」「群像」「文學界」などの文芸誌へも書評を寄稿なさっている。もうなんか、本や文学への愛が、みなぎっていらっしゃる……！

渡辺　本や文学、物語が好きで、走りつづけている、という感じです。

小池　ご著書『物語のカギ』（笠間書院）からも、そうした思いはひしひし伝わってきました。ただ、書評家としてのお仕事は、もともとは副業だったとうかがいましたが……。

渡辺　はい。二〇二三年までは、株式会社スクウェア・エニックスに勤めていました。会社員で、それと並行して、書評家として活動を始めました。

小池　スクウェア・エニックスと言えば、「ドラゴンクエスト」や「ファイナルファンタジー」とかの⁉

渡辺　そうです。そういったゲームのシナリオを書いていました！

小池　すごい！　ちなみに、ゲームのシナリオライターとしての経験は、現在のお仕事である書評の仕事に生かされていたりします？

渡辺　それは、もう！　書評家とシナリオライター、一見すると全く別な仕事に思われるかもしれませんが、僕のなかでは、同じ根っこを持つものなんです。元を辿《たど》っていくと、ある一冊の本との出会いにまで遡《さかのぼ》る。その本に教わった「あるもの」が、僕を書評家やシナリオライターにしたんですね。

小池 ……ということ、は、もしや……？

渡辺 はい。今日は、その〝一冊の本〟を紹介しにやってまいりました。

小池 おお！　シナリオライター、そして書評家としてのスケザネさんのルーツとも言える一冊を！　これは楽しみです。では、ご発表よろしくお願いいたします！

今日は、皆さんの生活のあらゆるところに溶け込んでいる「あるもの」について考えていきます。例えば、『ONE PIECE』や『呪術廻戦《じゅじゅつかいせん》』といったアニメ・漫画、「ポケモン」や「ゼルダの伝説」などのゲーム作品。あるいは、親や友達との会話、ニュース、学級会や部活での話し合い。果ては、歴史や科学といった大きな問題に至るまで。それは存在しています。

いったい「あるもの」とはなんでしょうか？

それは「物語」です。

「えー？『ONE PIECE』とか「ポケモン」なら分かるけど、日常の会話とか科学には物語なんてないんじゃないの？」と思う人もいるかもしれません。とても正しい反応です。

というわけで、これからある本を通して、物語について皆さんと一緒に考えていきます。

皆さんに、物語というのは漫画やドラマのようなフィクションだけに限らないもので、すごく尊い営みだと分かってもらえればこのプレゼンは成功です。

小川洋子『物語の役割』

今回扱うのは、小川洋子さんの『物語の役割』という本です。

小川さんは一九六二年生まれの小説家で、『博士の愛した数式』や『密やかな結晶』といった作品を書いています。その作品は日本のみならず、世界中で読まれており、ノーベル文学賞の候補なのではないかと噂《うわさ》されることもしばしば。

そんな世界的な作家である小川さんが「物語とはどんな役割があるのか？」という問題について、分かりやすくお話しされているのがこの『物語の役割』です。

小川さんが繰り返されるのは、「物語というのは特別な営みではなく、どこにでもあるもの」ということ。実際の言葉を引いてみます。

……自分が小説を書きつづけてきて最近思うのは、物語は本を開いたときに、その本の中だけにあるのではなく、日常生活の中、人生の中にいくらでもあるんじゃないかということです。

たとえば、非常に受け入れがたい困難な現実にぶつかったとき、人間はほとんど無意識のうちに自分の心の形に合うようにその現実をいろいろ変形させ、どうにかしてその現実を受け入れようとする。もうそこで一つの物語を作っているわけです。（一二一頁）

ここで述べられていることは、みなさんにも覚えがあるはずです。

何か大きな体験をしたとき（特に自分にとって切実で大きな事件）、それを自分なりに言葉にして受け止めます。例えば、大切な家族を亡くした場合、その人は天国へと昇って僕たちを見守ってくれている、と捉えることがあります。とはいえ身も蓋《ふた》もないことを言えば、天国で見守ってくれているかどうかは確かめようがありませんし、少なくとも科学的には肯定するのは難しい。ですが我々の多くは、あり得ないと分かりつつ、そんなフィクションに身を委ねることで慰められます。つまり物語によって、誰かの死を受け入れているのです。もっと軽いことでもそうです。日常で起きたちょっと面白い事件を話すとき、我々はフリとオチなどを整理して一つの物語のようにして事件を話します。本来、現実で起きたことにはフリとかオチなんてものは設定されていませんが、僕らがそれを一つのエピソードとして解釈・整理することで、面白い物語として成立させることができるのです。

以上のように、物語は誰しもが行っている行為だと指摘した上で、小川さんはこんなふうに続けます。

……現実を物語にして自分のなかに積み重ねていく。そういう意味でいえば、誰でも生きている限りは物語を必要としており、物語に助けられながら、どうにか現実との折り合いをつけているのです。（二二頁）

ここで小川さんは「物語」という言葉の定義（意味）をグッと広げています。

一般的に物語と言えば、小説や漫画、ドラマといったフィクションを思い浮かべがちです。しかしこれまで見てきた通り、物語とは人間誰しもが行っている行為なのです。つまり、現実を理解するためのフォーマットとして物語を用いている、というわけです。

作家の役割とは何か？

物語の及ぶ範囲が思っている以上に広いことについてお話ししてきました。

では逆に、物語の典型だと思っている小説や漫画といったものはなんなのでしょうか。違う角度から言えば、それを作る「作家（小説家）」という職業の人々は、何をすべき人なのでしょうか？

小川さんの言葉を引いてみます。

……小説は作家の頭のなかの空想とか、妄想から生まれるのではなく、現実のなかに隠れているのだ。その現実を体験した人が、それを言葉にしたとき、それはそのまま物語になる、というふうに思えてきます。（三九頁）

物語をつくるという営みは誰もがやっているし、現実のあちこちに物語が存在していると述べられています。となれば、物語を作るためには、特別な才能など必要ないことになります。

とはいえ、現実には誰もが物語を作るプロつまり作家になれるわけではありません。では、作家とは何をすべきなのでしょうか。

……作家も現実のなかにすでにあるけれども、言葉にされないために気づかれないでいる物語を見つけ出し、鉱石を掘り起こすようにスコップで一所懸命掘り出して、それに言葉を与えるのです。自分が考えついたわけではなく、実はすでにそこにあったのだ、というような謙虚な気持ちになったとき、本物の小説が書けるのではないかという気がしています。

作家になるためには想像力、空想の力が必要だと言いますが（もちろんそれも必要なんですけれども）、むしろ現実を見る、観察する、そういう視点も非常に重要になってくると思われます。（五〇～五一頁）

物語がすでに現実の中にあるのであれば、それを見つけて言葉にするのが作家の仕事だ、と小川さんは言います。

作家というと、無から有を作るクリエイティブな仕事だと考えられがちですが、小川さんは作家のすべきことは現実を追いかけること、よく観察することだと断言しています。

ただし、ただ単に観察すればいいのか楽勝じゃん、と捉えては早計です。事実、想像力や空想も必要だと述べています。それに「実はすでにそこにあったのだ、というような謙虚な気持ちになったとき」という表現からは、実際には創造力も大事だけど、現実に向き合うことを蔑ろにしてはいけないという教訓も読み取れます。

技術も必要だけど、謙虚に観察することが大事……、そんなアンビバレントな提案にこそ、今回の話の本質があるのです。

なぜ創造力を過信してはいけないのか?

なぜ作家は謙虚でないとダメなのか、つまりは自らの創造力を過信してはいけないのでしょうか。小川さんの他の講演から、そのヒントを探ってみます。

伏線を張って、それが展開していって、どこかでそれが回収されて腑《ふ》に落ちる。ああ、そういうことだったのかと納得できる。結果をもたらした原因がはっきり分かるという小説はたくさんあります。そういう小説は、書いていてとても安心なんです。ピタッと着地できる感覚がありますから。それらは読んでいても書いていても安堵《あんど》できる小説です。そういう小説の中にも素晴らしいものはたくさんあります。けれども、文学の本質はそういうところにあるのかな、というと、どうも違うんじゃないか、むしろその逆のところにあるんじゃないかな、と思うんです。原因や理由が分からないからこそ、物語が必要なんじゃないか。理屈で説明がつかないものを見捨てないで掬い上げる。それが文学なんじゃないかな

（「小説の不思議」『小川洋子のつくり方』田畑書店、二〇二一年、一四四頁）

小川さんは、物語も現実も分かりやすい起承転結に必ずしもなるはずがない、と言っています。物語というのは、僕たち観客や読者をドキドキさせるために、伏線とか起承転結のようなさまざまな仕掛けを用いてきます。それに従って僕らはハラハラドキドキしたり、楽しんだりすることができますね。しかし必ずしも現実はそんなふうにはなっていません。辻褄《つじつま》が合わなかったり、すっかり忘れていた過去の出来事が突如として影響を及ぼしてきたりと、

原因と結果が綺麗《きれい》にハマることはありません。

しかし、過度に創造力を駆使すると、技巧的に物語を作ってしまいかねません。こうやったら読者は楽しんでくれるはずだ、こうやった方が観客のウケがいいはずだ、など。

もちろんそれも大事なことです。しかし、そればかりに目を奪われると、本来は存在しないはずの過剰な説明によって、本当に大切なことを埋もれさせてしまうのです。


自分が生まれる前、遠いどこかで起こった無関係なはずの事実を、単に知識として得るだけでなく、直接の体験と同様に自らに刻み込み、記憶の小舟に載せて次の世代につなげてゆく。この困難を乗り越えるためには、政治や学問の助けだけでは足りない。なぜなら、他人の記憶を共有するなど、全く非論理的な足掻《あが》きだからだ。

ここで文学の力が求められる。理屈から自由になり、矛盾を受け止める必要に迫られた時、人は自然と文学に心を寄せるようになる。文学の言葉を借りてようやく、名前も知らない誰かの痛みに共感できる。あるいは、取り返しのつかない過ちを犯してしまう人間の、愚かさの影が、自らの内にも潜んでいないか、じっと目を凝らすことができるのだ。

（「死者の声を運ぶ小舟」前掲書、六〜七頁）

「他人の記憶を共有するなど、全く非論理的な足掻き」。この一節に注目してください。

そもそも文学や物語が目指している誰かの声に耳を傾け、それを伝えるという行為、それ自体が無謀なのです。身近な友達のことだって理解するのは難しいというのに、生きている時代も場所も違う、見ず知らずの人のことを分かろうとするのはいかに困難なことか。

つまり、物語とはそもそもが非論理的な行為なのです。むしろ、非論理的だからこそ、他人の声に耳を傾けるという非論理的な行為が達成できる。だからいたずらに、分かりやすい起承転結に整理したり、複雑な要素を捨て去るなどして、要素を捻《ね》じ曲げてはいけない。複雑なものには、複雑なまま向き合う必要がある。

その覚悟があれば、誰かのことがほんの少しだけでも分かるかもしれない。それこそが文学の特権なのです。

物語を読む意義

『物語の役割』という本を中心に、小川洋子さんが考える物語の力や価値を見てきました。

物語を創るという営みは、人間誰しもが行っている。だから作家は物語がたくさんひしめいている現実に目を凝らすべきだ。だが、それはただ表面的に現実を見ればいいわけではなく、非合理に身を委ねるという困難さに立ち向かう謙虚さが必要。しかし、だからこそ、文学は現実の持つ誰かの声に耳を傾けるという特権的な可能性を持っている。
そんな小説の、小説家の在り方を、小川さんが一級の比喩《ひゆ》でこう説明しています。

小説を書いているときに、ときどき自分は人類、人間たちのいちばん後方を歩いているなという感触を持つことがあります。人間が山登りをしているとすると、そのリーダーとなって先頭に立っている人がいて、作家という役割の人間は最後尾を歩いている。先を歩いている人たちが、人知れず落としていったもの、こぼれ落ちたもの、そんなものを拾い集めて、落とした本人さえ、そんなものを自分が持っていたと気づいていないような落とし物を拾い集めて、でもそれが確かにこの世に存在したんだという印を残すために小説の形にしている。そういう気がします。（『物語の役割』、七五頁）

現代は、時代のスピードがどんどん速くなっていきます。みんながどんどん進歩しようとして、前ばかり見ている。

しかしそうすることで、みんなが落としてしまったもの、歩みを止めてしまった人に誰も目を止めません。やがて小さいけれど大切なものや弱い人々は見捨てられてしまいます。

ちょうど遠足の隊列の最後尾にいる副担任のように、落とし物や弱者にパッと気づいて、それを確かに書き留める。

物語を書くこと、物語を読むことは、そんなかけがえのない行為なのかもしれません。

11

プレゼンター……木《き》村《むら》小《さ》夜《よ》（国文学研究者）

太宰《だざい》治《おさむ》「瘤《こぶ》取《と》り」『お伽《とぎ》草《ぞう》紙《し》』

（新潮文庫、1972年）

小池　次なるプレゼンターは、福井県立大学学術教養センター教授、木村小夜さんです！　国文学をご担当で、『問いかける短篇《たんぺん》』（和泉書院）や『ままならぬ人生』（澪標《みおつくし》）など、短篇作品を緻密に読み解くご論考を多数書かれています。とくに私にとっては、太宰治の作品を研究なさる先生というイメージがとても強い。

木村　小池さんも太宰から文学に入ったクチでしたっけ？

小池　ですです。高校生の頃に「人間失格」にガツン！　とやられて。

木村 私も高校一年生のときに太宰に夢中になり、奥野健男『太宰治論』も読了。これが初めて読んだ文学評論で、いや、もう感動しました……。

小池 高校生くらいの人間の心をぎゅっとわしづかみする、太宰の語りには、やはりそういう魅力があると思います。時折生徒に「ロマネスク」や「猿ヶ島」、「斜陽」なんかを薦めるんですが、はまる子は本当にはまりますね。「人間失格」を読んで、「これがあの「走れメロス」を書いた人の作品⁉」なんて驚く子も。

木村 太宰についてスマホで調べたりすると、「人間失格」に出てくる心中未遂や薬物中毒などが作者の実人生と重なるとわかったりして、そういうのも刺激的なのかしら。

小池 確かに、私小説っぽく読む人は多そうですね。私も昔はそう読んでました。

木村 私小説――つまり、作家と作中のそれらしき人物を重ね合わせて読むわけですね。確かに、太宰には「人間失格」以外にも、そのように読める小説がいくつかあります。でも、例えば「走れメロス」の一番最後に何と書いてあったか……。

小池　「（古伝説と、シルレルの詩から。）」、ですね。

木村　そう、私たちの大半が最初に出会うこの太宰作品には、元ネタがあったのです。こういう手法をパロディ、あるいは翻案と呼びますが、私は太宰って、こうした分野でこそ本領を発揮した作家であると考えているんです。

小池　木村さんは、『太宰治翻案作品論』という題のご単著も出版なさっていましたものね！　そして太宰治でパロディとくれば、今回紹介なさるのは、やはり……

木村　ふふふ……（頰《ほお》をさすりながら）

小池　あ、私わかっちゃいました（笑）。では木村小夜さん、お願いいたします！

パロディ・翻案という方法

さて、では始めましょう。先ほども言いましたが、太宰作品の中でおそらく最も有名な「走れメロス」には、元ネタがあります。このように、パロディあるいは翻案と呼ばれる手法で書かれたものが、太宰作品には大変多い。いや、太宰だけでなく、森鷗外《おうがい》や芥川、中島敦……国語教科書でよく出会う作家たちもこの方法で小説をたくさん書いています。もっとさかのぼれば、昔の説話の多くも中国やインドのお話が元になっていますし、思いの他、元ネタを持つお話はそこら中にあります。太宰が翻案作品を数多く残したのも、こうした文学史上の流れを意識し、この手法を得意と自覚していたからでしょう。

元ネタを下敷きにして小説書くなんて、一から創るよりずっと楽なのでは？　でも、何かを加工・改造するには、元の素材をよく理解していないと、（例えば食べ物なら）おいしく作れない、（機械なら）きちんと働くように組み立て直せない。小説も同じで、元の話を深く理解してこそ、面白いパロディ作品が書けるのではないでしょうか。

元の話を思い出してみる

というわけで、ここで紹介するのは、作品集『お伽草紙』（一九四五年発表）最初の一篇「瘤取り」。この後、「浦島さん」「カチカチ山」「舌切雀《したきりすずめ》」と続きます。誰もが知っている日本の昔話のパロディなので、太宰が何を書き加え変更したか、つまり元の話をどう利用したか、とてもわかりやすい。元の話との違いを見つけながら作品を読み進むので、いろんなことを考えさせてくれます。

とはいえ、気楽に行きましょう。戦時中に書かれたこの作品集、防空壕《ごう》の中で昔話の絵本を父が子に読み聞かせながら、脳内で別の物語を創り上げていく、という設定になっています。まずはあなたの記憶にある瘤取り物語を思い出してみて下さい。

幸せになった隣《とな》りの人をうらやみ、欲が出て真似《まね》をした愚かな人が不幸な目に会う……「花咲爺《じい》さん」もそうですが、いわゆる「隣の爺」話という勧善懲悪のパターンが昔話にはあります。「舌切雀」もその一変種でしょう。では、「瘤取り」は？

鬼たちの宴会に闖入《ちんにゅう》して場を盛り上げたために厄介な瘤を取ってもらった一人目のお爺さん、それを知って同じようにやろうとするけれど、鬼たちが怖くてうまく踊れずにもう一つ瘤をつけられてしまった二人目のお爺さん。こんな話でした。

ただ、瘤取り話は民間伝承なのでさまざまなバージョンがあり、必ずしも二人目のお爺さんが悪いとは限らないものもあります。例えば、二人一緒に願かけに行ったり、詳しい経緯を知らないお婆《ばあ》さんに勧められるままに行ったり。それで二人の結果が幸不幸に分かれるのは理不尽ですが、昔話ではこういうアレンジの幅が生まれやすい。そのゆるさを太宰はフルに生かします。

二人のお爺さんと家族

さて、太宰の「瘤取り」は、こんな感じです。

一人目のお爺さんはお酒が大好きでのんきな性格です。が、家族はこれとは対照的に、生真面目なお婆さんと、阿波聖人《あわ》と呼ばれるほど品行方正な息子。この家族の食事風景をちょっと覗《のぞ》いてみましょう。

「時に、なんだね、」とお爺さんは少し酔って来ると話相手が欲しくなり、つまらぬ事を言い出す。「いよいよ、春になったね。燕《つばめ》も来た。」

言わなくたっていい事である。

お婆さんも息子も、黙っている。

「春宵一刻、価千金、か。」と、また、言わなくてもいい事を呟《つぶや》いてみる。

「ごちそうさまでござりました。」と阿波聖人は、ごはんをすまして、お膳に向いうやうやしく一礼して立つ。

「そろそろ、私もごはんにしよう。」とお爺さんは、悲しげに盃《さかずき》を伏せる。

うちでお酒を飲むと、たいていそんな工合《ぐあ》いである。

お爺さんの心の内が直接描かれているのは「悲しげに」という箇所だけですが、家族の中での孤独な様子がじわじわ伝わってきます。お爺さんの言葉を「つまらぬ事」とか「言わなくてもいい事」とか言っていますが、こうした言葉は人間関係の潤滑油みたいなもので、これ抜きで世の中は回っていかない。「今日は暑いね〜」なんて言葉をかけ合うのと同じです。そういうことも語り手はよくわかった上であえて「つまらぬ事」などとも言う。この語り手はお話の中の人物との距離を自由自在に伸縮させます。

そんなふうに孤独なお爺さんだからこそ、自分の瘤を大事な話相手にしていたのですが、鬼たちに阿波踊りを披露した時間はとても楽しかったし、瘤を取られても「一長一短」とあまり気にしません。どこまでものんき。何かに強くこだわらない人は気楽で良いですね。でも、翌朝帰宅しても、家族は消えた瘤に大した関心も示さず、そっけない会話だけで終わってしまう。瘤が取れたこと以外に、このお爺さんの生活に何も変化はなかったのです。

これに対して二人目のお爺さんは、学問も財産もあり、周りから一目置かれる「何もかも結構、立派なお方」なのでした（これ、ちょっとチクチク来る表現ですね）。かたや、その家族であるお婆さんと娘は大変陽気で、平気でお爺さんの瘤のことを面白おかしくいじります。ムキになって怒り出すお爺さん。ああ、この二つの家族、入れ替われば、皆幸せになりそう。お爺さんだけでなく家族についてまでも、それぞれの性格を細かく描く。これが太宰の「瘤取り」の特徴です。

こちらのお爺さんは瘤を自分の不幸の原因と憎んでいたために、何としても取ってもらおうと力みすぎ、何やら高尚で小難しい能を舞って、鬼たちを気味悪がらせてしまう。元の話のように怒らせるどころか、こちらでは鬼たちがむしろ逃げ出そうとします。お爺さんは「どうか、どうかとって下さいまし」と「必死で追いすがり」、鬼たちはそれを「かえして下さい、と聞き違えてしまう。

「これからまた、別なところへ行って飲み直さなくちゃいけねえ。たのむ。たのむから放せ」

夜更けの飲み屋街をうろつくおじさんみたいな鬼たちは、ただお爺さんを振りきるために、一人目のお爺さんの瘤をつけてしまいましたとさ。いやはや、目も当てられない結末です。

親切な解説には裏がある？

そして、以下が物語のラストです。

実に、気の毒な結果になったものだ。お伽噺《ばなし》に於《お》いては、たいてい、悪い事をした人が悪い報いを受けるという結末になるものだが、しかし、このお爺さんは別に悪事を働いたというわけではない。緊張のあまり、踊りがへんてこな形になったというだけの事ではないか。それかと言って、このお爺さんの家庭にも、これという悪人はいなかった。また、あのお酒飲みのお爺さんも、また、その家族も、または、剣山に住む鬼どもだって、少しも悪い事はしていない。つまり、この物語には所謂《いわゆる》「不正」の事件は、一つも無かったのに、それでも不幸な人が出てしまったのである。それゆえ、この瘤取り物語から、日常倫理の教訓を抽出しようとすると、たいへんややこしい事になって来るのである。それでは一体、何のつもりでお前はこの物語を書いたのだ、と短気な読者が、もし私に詰め寄って質問したなら、私はそれに対してこうでも答えて置くより他はなかろう。

性格の悲喜劇というものです。人間生活の底には、いつも、この問題が流れています。

この語り手はとても親切ですね。この物語は「ややこしい」から「短気な読者」のためにコンパクトな要約をしてくれる。それが「性格の悲喜劇」というわけです。なるほど、それで家族の性格まで描いていたのか、誰も悪くなく「不正」もなくても、誰かが「不幸」な思いをする、それは実際一番よくあることだし、とこの結論で納得してしまえるかもしれません。が……。

まず、この説明の中にある「気の毒な結果になった」「不幸な人」とは？　もちろん二人目のお爺さんのことですね。そして確かに、このお爺さんも鬼も誰も何も悪くない。けれども、ここで言われる「悪」や「不正」ってどんなことでしょうか。盗みをしたり人をだましたり殺したりすること？　そんな悪をこの物語が問題にしているとは思えないし、だとすれば、何だかとぼけている感じ。

他方、ここで全く触れていませんが、一人目のお爺さんはどうでしょう？　こちらの家庭での孤独も解決していない。生真面目な家族との憂鬱《ゆううつ》な暮らしが今後も続いていくこともまた「性格の悲喜劇」で、そちらにも私たちは同情せずにいられない。どうやら、全てが説明しつくされていないようです。なので、元の話のように勧善懲悪で人を決めつけず、よりソフトな話にアレンジした、それが「性格の悲喜劇」ということなんだ……こんなふうに額面通りに読み取っていいのか、疑わしくなってきます。

そもそも、「性格」と「善悪」の問題って、別次元の話なんでしょうか。

「性格」ってどういうもの？

「かすかな声」（一九四〇年発表）という太宰の短文集に、次のような対話があります。

「悪とは何ですか。」
「無意識の殴打です。意識的の殴打は、悪ではありません。」

太宰が問題とする「悪」がどのようなものか、よくわかるフレーズです。「性格」なんて、まさに本人は「意識」しにくいもの。それがいつの間にか人に辛い思いをさせる原因となっていたりしないでしょうか。要するに、「性格の悲喜劇」は決して「善悪」の問題と無関係ではないのです。ならば、なぜあのような結論でまとめたのか。

実は、物語の途中に本筋とは直接関係なさそうな脱線の語りが差し挟まれています。語り手が文壇の「何某先生《なにがし》」についてあれこれ話し出すのですが、それが物語の一人目のお爺さんの息子や二人目のお爺さんといった、いわゆる「立派な」人たちと微妙にかぶってくる。しかも、彼らに対して明らかに皮肉な視線を向けながら、あえて主張を抑えるようなトーンがそこには感じられます。

一方、語り手自身は防空壕にうずくまり、絵本一冊を開いているだけ。この低姿勢は「立派な」人たちと対照的です。つまり、自分より高い位置にいるそうした人たちに自分は何も言う資格はないので、これくらいにしときます、というわけです。語り手のこの状況、何だか既視感がないですか？　そう、最初に挙げた一人目のお爺さんと家族の食事風景です。お爺さんが「立派な」家族の前で何も言えなくなっていくことと、重なってくるでしょう。

こうやってお話のあちこちを結びつけて全体を考え直してみると、「性格」の性格（！）というものが少しずつ見えてこないでしょうか。

私たちはいろいろな人間関係の只中《ただなか》で生きています。家族、同級生、先生、学校以外のさまざまな集団での知人……。一緒にいてとても楽しい人もいれば、残念ながらどうにも性が合わず気持ちよく話せない相手もいます。後者の場合、それはその人自身がどうこうというよりも、自分とその人との関係で生じる相性の問題だから、「あなたの性格のここが問題だ」

なんて言ってしまったら、「そういうお前の性格はどうよ」と自分に跳ね返ってきてしまいます。ましてや、世間的に評価されたり優位にいたりするような相手ならば、いよいよ言えない。そこで、「別に悪い人じゃないんだけどね……」といった言い方や考え方で自分のモヤモヤを納得させることが多い。全てを語りきれない「こうでも答えて置くより他はなかろう」という終わり近くの言葉は、このモヤモヤ感をうまく表現しています。

つまり、一人ひとりは悪人ではなかった、という言い方は、逆に言えば、「性格」というものはある人間関係の中では一種の悪となって確実に人を傷つけることがある、にもかかわらず悪として指摘できない厄介さをはらんでいる、ということを逆に雄弁に語っていることになります。「日常倫理の教訓を抽出」できない、ってそういうことじゃないでしょうか。

こうした状況は「人間失格」にも出てきます。

「人間は一生、人間の愛憎の中で苦しまなければならぬものです。のがれ出る事は出来ません」

これは、『お伽草紙』と同様、元ネタを持つ「竹青」（一九四五年発表）という作品中の言葉です。

　私たちが日々どんなことで右往左往して生きているか、太宰にはよくわかっていますね。近しい人たちに強い感情を向けてしまう心の状態は、他の人にはどうでもよくても、本人にとってはとても切実なこと。またたからこそ、どこにも持って行きようがなく、沈黙するしかないこともあります。

　そういう気持ちのあれこれを掬い上げてくれるのが、小説です。人が言葉を発せられない状況までも、言葉で表現してしまえるのだから、不思議。取り上げるに値しないものは何一つない、というのが小説の世界。だから、小説が手元にある限り、あなたはひとりぼっちではないのです。

12

プレゼンター……仲《なか》町《まち》六《ろく》絵《え》（小説家）

梨《なし》木《き》香《か》歩《ほ》『家《いえ》守《もり》綺《き》譚《たん》』

（新潮文庫、2006年）

小池 続きまして、仲町六絵さんにご登壇いただきます。仲町さんと言えば、メディアワークス文庫から『からくさ図書館来客簿』シリーズなどを刊行なさっている小説家で……あると同時に、私にとっては、先輩でもいらっしゃる。

仲町 あ、放送大学の大学院のことですね。確かに、小池さんの一学年上ですね（笑）

小池 ご多忙のなか、あの厳しいカリキュラムをこなし、見事に修士論文を提出

仲町　なさるお姿に、後輩としてどれほど勇気をもらえたことか……。

小池　それはよかった。何よりです。

仲町　大学院には、やはり小説執筆の糧とするために進まれたのですか？

小池　そうですね。ただ、いざ修了した今となると、京都の歴史についての研究はやはり続けていきたいなと思っています。

仲町　そういえば『からくさ図書館来客簿』で「からくさ図書館」の建てられているのも京都でしたよね。現代が舞台とはいえ、平安時代から平成に至るまでの、さまざまな歴史や文化がストーリーに織り込まれている。京都の歴史を研究することと、小説を執筆すること、仲町さんのなかでは、その二つが結びついているんですね。

小池　二十代の前半は京都市内で一人暮らしをしていて、小説家デビューした頃は大阪市に住んでいたけれど、結局戻ってきました。今も住んでいます。私にとって、とても大切な場所なんです。

仲町　なるほど。

小池　あ、そういえば私は短歌も詠むんですけれど、ちょうど京都で一人暮らしをしていた頃に「塔」短歌会に入ったんです。

小池　あー、仲町さんの趣深い文体の秘密は、短歌にも由来するんですね……。

仲町　趣深いですか？（笑）　それでそのときに考えたペンネームが、今でも使っている仲町六絵なんです。アメリカの画家ノーマン・ロックウェルにちなんで。

小池　ロックウェルの描く人間たちの優しい表情も、仲町さんの小説世界の雰囲気に通じますね……。さて、そんな仲町六絵さんは、いったいどんな本を紹介してくださるのでしょうか。それでは仲町さん、お願いいたします！

夢をかなえた青年が、もう一つ譲れないものを得る物語が『家守綺譚』です。

今、私の話を聞いてくださっている十代の皆さんは、将来の夢をかなえる途中の人が多いと思います。

将来の夢に向けてがんばっていたり、暴力を振るう人や無視する人、暴言をぶつけてくる人や自分の不幸を子どものせいにする大人が周りにいてそんな余裕はない状況だったり（先生とか弁護士会とか役所とか、周りの大人たち何人かに頼ってみてくださいね。もと十代からのお願いです）、いろいろかなと想像しています。

私は、プロの小説家になるという夢を三十三歳の時にかなえました。

物語なら、夢をかなえておしまい、というパターンが多いです。しかし自分のこれまでを振り返ってみると、夢が実現してからも楽しいことや苦しいことが次々に起きています。大変とも言えるし、退屈しないとも言えます。

私が『家守綺譚』のお話をしたい理由は二つあります。まず一つめは、主人公の綿貫《わたぬき》征四郎も私と同じように、夢をかなえてからの日々を生きているからです。

綿貫は昔の（たぶん）京都大学を出た若い小説家です。小説の収入だけでは生活できないので、英語学校で非常勤講師をしていました。小説を書き続けるため正職員の話は丁寧に断ったのですが、校長から小馬鹿にした態度を取られてうんざりします。そして、小説家一本で生活していきたいと考えるのです。

小説家に限らず、居場所を選ぶことは大切です。私もこの校長のような人と働きながら小説を書くのは難しいです。書くための元気がすり減ってしまいそうです。

とにかく物語の開始時点で、綿貫には小説執筆という譲れないものが一つありました。しかし非常勤講師を辞めたら生活費が足りない、と悩んでいたところに、住む家を提供するという話が舞いこみました。

学生時代に亡くなった親友・高堂の両親が、別の土地へ引っ越すにあたって、今まで住んでいた家の守を綿貫に任せようと考えたのです。人が住んで空気の入れ替えなどをしないと、家というのはすぐ傷んでしまいます。家賃が浮くだけでなく月々の手間賃も出るのだから、まさに渡りに船です。

舞台となる場所は、京都市街の東のはしっこで、山一つ向こうに琵琶湖《びわこ》がある区域のようです。湖から引いた疏水《そすい》（人工的な水路）が流れているので、京都市山科区《やましなく》か、京都市左京区の哲学の道あたりでしょう。歴史の授業で習う銀閣寺や、紅葉が有名な南禅寺や永観堂の近くと書けば、景色の美しさが伝わるでしょうか。

銀閣寺周辺は、私が二十代前半に一人暮らしをしていた土地でもあります。流れる疏水と桜並木で知られる哲学の道を朝な夕なに歩き回り、短歌誌に投稿する短歌を作っていました。

自転車で　降りてゆくとき　両手足　宙に伸ばして　怖がってみる

二十三歳の時テレビ番組『NHK歌壇』で河野裕子先生に採用していただいた短歌です。哲学の道の終点・若王子橋から白川通へ向かう下り坂をイメージして作りました。河野先生に「「怖がってみる」なんて若い時にしか言えない」と評されて当時の私はきょとんとしていました。倍の年齢になった今はよく分かります。

流れ来る　川あけぼのの　薄雲を　映したるのち　橋に入るなり

同じ頃、短歌誌「塔」に掲載された短歌です。同人誌「勝手に合評」にて「とってもきれいな景色にうっとりしてしまう」と褒めていただきました（「塔」会員のどなたからの評だったのか失念したのが悔やまれます）。哲学の道に流れる疏水を橋の上から眺めて作った短歌です。哲学の道は、観光客の少ない時間帯に歩けば、今でも『家守綺譚』の雰囲気を体感できるのでおすすめします。

綿貫の住みはじめた家には、水の流れる広い庭があります。この庭に、人ではない者たちの世界が重なってきます。人ではない者たち――たとえば琵琶湖の女神・浅井姫、秋の女神・竜田姫、時には河童《かっぱ》や化け狸《たぬき》。

　異なる世界にとまどう綿貫を助けてくれるのは、生家に帰ってきた高堂です。高堂は小倉《こくら》袴《ばかまは》を穿いた学生時代の姿のまま、人間とも神様とも違う何かになっていたのです。

　風雨の激しいある夜、高堂はボートに乗って掛け軸の水景に現れ、綿貫と再会します。そして、庭のサルスベリの木が綿貫に恋していると教えるのです。

　高堂の登場の仕方も言っている内容もとんでもないですが、綿貫にとっては有益な情報でした。なぜなら、サルスベリが桃色の花盛りの枝を窓ガラスに押しつけて「イレテオクレヨウ……」と言いだし、仰天した直後だったからです。怪異も原因が分かれば多少は怖くなくなるというものです。

　常日頃からサルスベリの樹皮をなでて感触を楽しんでいた綿貫は、こう考えます。恋情を向けられていると言われれば思い当たる点があるけれど、サルスベリの名誉のためあまり言いたくない、と。

　サルスベリが綿貫にどんな反応を示したのか、それは読者にも明かされません。親友である高堂にも綿貫は話しません。自分に恋した庭木のプライバシーを尊重する、いい奴《やつ》です。

　綿貫は木に惚れられたのは初めてだと言い、高堂は面白がってからかいます。このやり取りがまさに気安く話せる親友同士といった雰囲気で、高堂がこの世の人ではないことを思い合わせるとほろ苦い気持ちになります。

サルスベリへの接し方を助言して、高堂は掛け軸の水景の奥へ帰っていこうとします。綿貫は「もう会えんのか」と呼びかけます。何でもないように高堂と話していた綿貫も、胸に悲しみをたたえているのだと読者に伝わる場面です。

また来ると約束して高堂は帰っていき、綿貫は助言通りに接し方を変えました。樹皮をなでるのは控えて、本を読み聞かせてやるようになったのです。サルスベリは綿貫の作品を音読してもらうと、幹全体をふるわせて喜びます。綿貫はサルスベリを可愛《かわい》く思うようになるのですが、なんと柔軟な、と感心してしまいます。順応性が高すぎやしませんか。

そんなふうに始まった新生活は、さまざまな事件が起こります。犬のゴローを飼うことになったり、ゴローが河童や巨大な鳥と交流しはじめたり、綿貫の順応性を試すかのようです。ところでこの小説は、二十八の短編から成っています。それぞれ植物にまつわる題名がついていて、目次を開けば綿貫が住む高堂邸の四季が目に浮かぶようです。

『家守綺譚』について語りたいもう一つの理由は、私の小説『からくさ図書館来客簿』シリーズが、『家守綺譚』に登場する植物たちの影響を受けて生まれたからです。

舞台は哲学の道付近に建つ「私立からくさ図書館」です。心残りがあるため死後にこの世をさまよっている魂「道なし」を導くため、平安時代の貴族・小野篁《たかむら》が建てました。篁は『小倉百人一首』に「わたの原……」の和歌が載っている歌人で、閻魔《えんま》大王の部下だったという伝説があります。

からくさ図書館の裏庭にはサルスベリや南天などが植えられています。お客さんの目を楽しませるだけでなく、篁の助手を務める少女・時子に力を授けてくれます。

図書館の外でも、植物たちの不思議さが語られます。道なしとなった昔の女学生は、夜の哲学の道で桜を見ながらこう言うのです。

「桜の樹は命が短い。花も、咲いてすぐ散る。だから、人や鳥に愛《め》でられる時間を少しでも長く味わおうと、冬にはぐっすり寝ていて、花の咲く時期にはずうっと起きているのだと。杉野が故郷で、おばあさまから聞かされた話だそうな」

ぱしゃりと魚の跳ねる音が疏水から上がり、すぐに静寂が戻ってくる。

（『からくさ図書館来客簿　第二集——冥官・小野篁と陽春の道なしたち』）

この場面には、私が『家守綺譚』を読んできた時間と、哲学の道を歩いて短歌を作っていた時間の両方が息づいています。『家守綺譚』は小説家になるずっと前から好きな作品です。私の創作秘話でした。綿貫と植物の話に戻りましょう。

植物たちは、時おり綿貫に変化を促します。たとえば第一話「サルスベリ」では先ほど書いたような変化が起きます。第四話「ダァリヤ」では、近所の庭に咲くダリヤに目を留めたことから、綿貫は一人の少女と言葉を交わすようになります。

第六話「カラスウリ」では、台所の床からひょろひょろと蔓《つる》が生えてきます。綿貫はかわいそうに思ったのか、蔓を抜かずに放置してしまうのです。家の管理を任されているというのに、この時点で綿貫は高堂邸の魅力にとらわれ、支配されている感じがします。言い換えれば、魅入られているようなのです。

蔓が天井まで広がった頃、綿貫は奇妙な夢を見ます。雨のようにおびただしく降りてくる白い糸をつかんで上昇してゆくと、糸の林の向こうに高堂がいる。呼びかけると、いつもの自分と違う声が出る。手も人間のものではない。

驚く綿貫に、高堂は「当たり前だ、おまえは家守《やもり》だもの」と言います。綿貫に任された「家の守」と、ヤモリという小さな爬虫類《はちゅう》の名が重なる場面です。ヤモリは窓などに貼《は》りついて虫を食べてくれるので、家を守るという意味の名前がついたようです。目が覚めた綿貫は、天井に白い花がいくつも咲いているのに気づきます。花は白いレースのような細い糸をまとっていて、まるで夢の続きのようです。そこへ訪れた学生時代の後輩がカラスウリの花だと言い、花の一つから干からびたヤモリの亡骸《なきがら》を見つけます。天井にいたのが死んで花の中に落ちたようです。

もしかしたら、天井で死んだヤモリが綿貫になる夢を見ていて、そこへ高堂がやってきておまえはヤモリなのだと教えてやり、夢を終わらせたのかもしれません。綿貫は、ヤモリに同化する形でヤモリの夢に入りこみ、高堂の言葉を聞いていたのかもしれません。

まるでヤモリがカラスウリに精気を吸い取られたようだ、と後輩は評します。すると綿貫は「なに、かまわんさ」と言うのです。この家を守りながら命を終えてもいいと言っているかのようです。

高堂もまた自分の居場所を定めたような描写が、第十五話「ススキ」に出てきます。名月の夜、高堂は綿貫に「いい場所」について語ります。それは、人が死後に埋めてもらいたいと望む場所です。高堂にもそういう場所があったのではないかと綿貫が聞くと、高堂は「その件は果たした」と答えるのです。

消息を絶ってからの高堂は、琵琶湖の女神である浅井姫のお手伝いをしているようです。高堂が言うには、生きる世界が違うので直接言葉を交わしてはいないものの、姿を拝見する機会はあるようです。浅井姫の家来のそのまた家来、といったところでしょうか。人間の住まいである高堂邸に居場所を定めた綿貫とは対照的です。

第二十四話「セツブンソウ」では、綿貫が高堂との決定的な差異に直面します。人の世で暮らしつつ異界を文筆で表現したい綿貫と、綿貫たちを置いて異界へ行ってしまった高堂との差異です。高堂が去った後に残されたセツブンソウは、人里離れた山奥でしか生きられない清澄な魂を象徴しているかのようでした。

最後の「葡萄《ぶどう》」では、綿貫が見知らぬ紳士によって異界へ誘われます。この葡萄を食べれば俗物と関わらないで済む、と勧誘される綿貫ですが、最終的に一つの決意を表明します。友人の家を守らねばならない、と。

無事帰宅した綿貫を迎えたのは、高堂でした。綿貫は、高堂が異界の葡萄を食べたことを察します。同時に、これで異界を小説に書けると確信します。綿貫の譲れないものは小説執筆と高堂邸なのだと明瞭《めいりょう》になる場面です。

二人の交友は続編『冬虫夏草』へと続き、綿貫の譲れないものを読者に見せてくれます。

小説を書き、琵琶湖疏水の流れる土地に絆《きずな》を感じているという点で、私は綿貫に親近感を持っています（不思議な体験は多くありませんが）。

綿貫がそうであるように、夢をかなえてからも、皆さんの日々が豊かでありますように。

13

プレゼンター……岡本健《おかもとたけし》（社会学者）

ハラルト・シュテュンプケ『鼻行類』

（日高敏隆《ひだかとしたか》・羽田節子《はねだせつこ》訳、平凡社ライブラリー、1999年）

小池　では、続きまして、近畿大学総合社会学部で観光社会学、メディア・コンテンツ学を研究なさっている、岡本健さんn……う、うわぁぁぁぁぁぁぁ！！！！

岡本　ゾンにちは〜！　岡本でーす！

小池　びっくりしたぁ！……いやはや、センセのゾンビメイクも、本格的に……。

岡本　メイク？　何をおっしゃいますか。これが私の真の姿……

小池　うはは（笑）　というわけで岡本先生は、観光やアニメ、メディアのみならず、なんとゾンビについて学問的な研究をなさっているんです。

岡本 サメ映画やテレビゲームも大好物です。VTuber「ゾンビ先生」としてYouTubeでゲームの実況してまーす♫

小池 本当にいろいろなことにご興味をお持ちですよね。

岡本 ふふふ……ところで小池さん、クイズです。ビキニ環礁で行われた核実験によって生まれた大怪獣といえば……

小池 ゴジラ！

岡本 ……といえばゴジラですがぁ（ニヤリ）、では、それとは真逆に、核実験で絶滅してしまった動物種といえば何でしょうか？

小池 ……ぐぬぬ……？？？

岡本 答えは、哺乳《ほにゅう》類の一種である「鼻行類」です〜。

小池 鼻行類⁉

岡本 鼻行類が生息していたのは、南海のハイアイアイ群島。スウェーデン人のエイナール・ペテルスン＝シェムトクヴィストが発見した、総面積一六九〇平方キロメートル程度の小さな島々です。島が発見された際、すでに先住民族としてファハ＝ハチ族が居住していました。ハチ族は二十二人の首長が合議して、島内の人口を約七百人の規模で維持し、持続可能な暮らしを営んでいましたが、西欧文明が持ち込んだ感染症によって滅びてしまったのです……。

小池 なんと……。

岡本 『鼻行類』という本に述べられているんですよ。

小池 ……もしかして、ひょっとするとすでに本題に入ってますね……。というわけで、ゾンビ先生こと岡本健さんによる、〝本のプレゼン〟です！

さて、この南海のハイアイアイ群島にのみ生息していた「鼻行類」は、その名が示す通り、鼻で移動する生物です。鼻行類にはさまざまな形態のものがいるのですが、いずれも鼻が特殊な構造をしていました。

まず、「ムカシハナアルキ」はハツカネズミ程度の大きさで、頭と鼻がかなり大きくなっています。ムカシハナアルキには、この島に固有の大型ゴキブリを捕食する習性があり、その際、大きな鼻を地面につけて逆立ちをします。鼻から分泌される液体によってしっかり地面に体を固定し、獲物を逃がしません。

あるいは、「トビハナアルキ」は鼻を用いて跳躍します。主に水辺に生息し、潮間帯の端脚類（ヨコエビ、ワレカラなど）や等脚類（フナムシ、ワラジムシなど）、ヤドカリ類などを捕食します。鼻は細く長く伸びており、三つの節からなる構造で、折りたたむことができます。折りたたんだ鼻を巧みに展開することによって、大ジャンプができるんです。

最後に、本の表紙にも描かれている「ランモドキ」を紹介しましょう。ランモドキは樹木の枝にとまっていることが多く、遠くから見ると大きな花のように見えます。このように植物に擬態して天敵から身を隠すとともに、鼻の表面から出す誘引性の分泌物はバニラのような匂《にお》いを発して昆虫を集めます。近づいて来た獲物を、ランモドキは細長い手で器用に捕まえて食べてしまうのです。

……と、ここまで説明してきたことは、なんと、まったくの「嘘」なのです！　私は昭和五十八年（一九八三年）生まれなのですが、小学生か中学生くらいの時に公共図書館でこの本に出会ったと記憶しています。最初は「すごい生き物がいるもんだ！」と真に受けていましたが、後に周辺情報を知ることで、これが虚構の生物について書かれたものであることがわかりました。

その時に私が感じたのは「だまされた！」という怒りや失望、ではなく、「やられたな〜」というなんとも愉快な気持ちでした。そして、こんなに真に迫った「嘘」の世界を作り上げられる人間の「すごさ」を実感し、そうした文化にあこがれを抱くようになりました。おそらく同時期に出会ったマイクル・クライトンの『ジュラシック・パーク』（ハヤカワ文庫、一九九三年）と、その実写映画（スティーブン・スピルバーグ監督、一九九三年）などとも相まって、「ほんものらしい虚構」の面白さ、つまり、SF（Science Fiction）の魅力を知ったのです。子どものころから大好きだった『ドラえもん』（一九六九年）もその下地を作ってくれていたように思います。

SFは、我々が暮らす世界では（まだ）実現不可能なことや、そもそも異なる理《ことわり》によって成立する世界の様子を描出します。ある意味では「嘘」の多い物語です。しかし、巧みなSFになればなるほど、制作者は現実の科学論文や学術書の知識を丹念に学び、その上で、説得力のある虚構を描いて見せます。現実とは違っていても、その作品世界の虚構の中ではできるだけ矛盾が生じないよう、その世界における技術や法律、文化、社会、キャラクターなどを「本物」らしく緻密に構築していきます。私は、こうしたさまざまな「SF的なもの」から科学的思考の面白さを教えてもらったように思います。

さて、ここまでお聞きくださった皆さんは、不思議に思うかもしれません。なぜ、平凡社から一九九九年に出版された『鼻行類』を、一九八三年生まれの筆者が小学生や中学生のころに読めたのか……。まさかのタイムトラベラー!? あるいは、この文章もすべて嘘なのでしょうか。いえいえ、これは本当のことです。

実は、この『鼻行類』は、もともと昭和六十二年（一九八七年）に思索社から単行本として出版されたものなのです。これなら筆者が四歳の時に出版されたものですから、つじつまがあいます。しかし、話はこれで終わりません。ここまで紹介してきた『鼻行類』は、すべて翻訳版です。元々の書籍は、なんと一九六一年に発行されました。本は時代を超えて、人々に読まれていく。まさに本こそが、タイムトラベラーですね。

平凡社ライブラリー版『鼻行類』には、なんと「あとがき」が四つもあります（本の「はじめに」や「あとがき」、「解説」などのページは、とても貴重な情報源です！）。「あとがき」「思索社版への訳者あとがき」「博品社版への訳者あとがき」「平凡社ライブラリー版への訳者あとがき」です。つまり、手元にある平凡社ライブラリー版とは別に、思索社、博品社という二つの出版社から出されたバージョンが存在することが示唆されるのです。実は、今回この原稿を書くために、あらためてこれらの本を「CiNii Books」というインターネット上のデータベースで探してみました。すると、思索社版（一九八七年）の他に、一九九五年に出版された博品社版の書誌情報が見つかりました。

さらに、これらの本を探す過程で、『鼻行類』および、それが出版されたことで起こったさまざまな事象について書かれた『シュテュンプケ氏の鼻行類』（思索社版・一九八九年、博品社版・一九九六年）という解説本まで出版されていたことを知りました。私にとっては三十年越しの「発見」です。このように、本は単独で存在するのではなく、他のものとつながっています。このつながりをたどることで、自身の知識や見聞がどんどん広がっていきます。こうして世界が広がっていくのも、読書の楽しさですね。

さて、この『シュテュンプケ氏の鼻行類』を読んでみたところ、これまで知らなかった『鼻行類』についてのさまざまな周辺情報を得ることができました。たとえば、『鼻行類』が成立したプロセスや執筆者の動機や社会的背景が含まれたインタビューや論考、そして、『鼻行類』に対するさまざまな反応などが紹介されています。

たとえば、『鼻行類』が「高度に学術的ないたずら」であることを知った人が、科学の信用性を損ねるとして怒りの手紙を送った話や、解剖学者から「私は頭が両側にある魚、二頭類を発見したよ。ぐるぐる回転しながら進むよ」と新しい生物を考えたという手紙が来た話などがあります。これって、今のネット社会でも同じようなことがありますよね。コンテンツを視聴して、SNSで不満や怒りをぶちまける人もいれば、作品に触発されてファンアートや二次創作、新たな作品を創り始める人もいます。

本書『シュテュンプケ氏の鼻行類』に、とても興味深い章がありました。それは「シミュレーション・ゲーム」と題された章です。シミュレーション・ゲームは、複雑な現実の法則を、ある程度単純化したり、要素をいくつか変化させたりすることによって、対象について思考したり試行したりすることを助けるものです。そのように考えると『鼻行類』はシミュレーション・ゲーム的であるという趣旨のことが書かれていました。つまり、「生物の進化」について考える際に、鼻行類について考えることは何らかの形で有用であるということです。実際、ハイデルベルク大学の動物学研究室のエーリッヒ・フォン・ホルストのゼミで、『鼻行類』が教材として扱われたそうです。

『鼻行類』の真の著者であるゲロルフ・シュタイナー（まさかの、著者まで架空の人物だったのです！）は、自身の専門である動物学の知識を用いて、このようなフィクションを生み出しました。このような「学術的遊び」は、本当に面白いもので、他にもいくつかあります。たとえば、お弁当やお寿司《すし》に入っている魚の形をした醤油《しょうゆ》入れを収集し、分類学を応用して分析した『醤油鯛《たい》』という本があります。こうした「遊び」を楽しむことで、その学問のアプローチの仕方を学ぶことができます。

虚構の生物や存在、そして、それを取り巻く世界を、ある種の説得力を持たせて描写する。これはさまざまなメディアにおけるフィクションが挑戦していることです。『鼻行類』は、科学論文の装いで書かれており、参考・引用文献などもそれらしいものが掲載されています。「学術論文」が得意とする客観的・論理的アプローチをシミュレートし、まったく架空の生物について、その存在の「本物らしさ」を構築した力作です。では、皆さんが今楽しんでいるもので、似たようなものはあるでしょうか?

たとえば、「クトゥルフ神話」が挙げられます。現在、TRPGとして非常に楽しまれているクトゥルフ神話ですが、もとはアメリカ人作家、ハワード・フィリップス・ラブクラフトによって書かれた小説作品でした。

ラブクラフトが今から百年以上前の一九一七年に執筆した「ダゴン」という作品が、クトゥルフ神話のはじまりであると言われています。その後、ラブクラフトが産み出す世界観に影響を受けて、それらを借りて新たな作品を創り出す作家が追随して、「神話的世界」が充実していくことになります。クトゥルフ神話について、詳しく知りたい方は、『クトゥルー神話解体新書』（森瀬繚、コアマガジン、二〇二二年）や『クトゥルフ神話ガイドブック 改訂版』（朱鷺田祐介、新紀元社、二〇二〇年）、『クトゥルー神話大事典』（東雅夫、新紀元社、二〇一八年）などを参照してください。

あるいは、「SCP財団」はどうでしょうか。たとえば、Googleで「SCP財団」と検索してみてください。あやしげなウェブサイトがヒットします。目立つところに「警告：機密指定　財団データベースへの許可無きアクセスは固く禁止されています　違反者は追跡、特定、拘留されます」とあります。なんともおそろしいですね。

サイトには「SCPの世界観」という説明があり、その中に「財団とは」という項目があります。こちらを読むと「財団は異常な物品、存在、現象を封じ抑え込むことを任務として、秘密裏かつ世界規模での活動を行っています。」と書かれています。人類にとって脅威になる可能性のある「異常存在」とよばれるものを「確保」「収容」「保護」するために活動しているそうです。

「SCP財団」のウェブサイトには、上記の世界観に沿って、「報告書」などのさまざまな文書が掲載されています。これらを制作しているのは誰でしょうか。研究者？　作家⁇　いえ、実はこれは創作コミュニティサイトであり、ルールを守ればだれでも投稿できるのです。執筆のための懇切丁寧なガイドラインなども整備されています。インターネットの登場により、虚構世界を生み出して広げていく主体は研究者や作家のみではなく、たくさんの人の手によって構築され、拡張されているのです。

このように、『鼻行類』的な「フィクションを構築することの面白さ」は、今の文化にも引き継がれています。皆さんが楽しんでいるものの「根本」は、人類が連綿と発展させてきたものであることが良くわかりますね。

さて、話を元に戻しましょう。こうした「虚構世界の構築」の面白さに触れた私は、継続的にそうしたものに興味を持ち続けます。先ほど『ジュラシック・パーク』という作品を挙げましたが、それも含めてたくさんのSFコンテンツを楽しみました。

私は、高校生になって理系に進み、高校二年まで理系のクラスにいました。得意科目は数学と生物と国語という、文系、理系のどっちつかずな感じで、理学部の生物学科などを中心に進路を考えていたのですが、「何かが違う」と感じたのか、高二で文転しました。

この時の理由を正確に思い出すことはできませんが、今となっては大正解だったように思います。私は、『ジュラシック・パーク』などのSF作品を読んだり観たりして、その「内容」、つまり古生物学や遺伝学など、に惹かれていると思いこんでいたのですが、おそらく本当に魅力を感じていたのは、巧みに描かれる「世界」のほうであったのでしょう。

大学は文学部に進み、認知心理学を専攻することになりました。同時に高等学校の国語の教職免許状を取得しようと考えたこともあって、文学の授業や文化論系の授業をとりました。その中で、映画やアニメなどの表象文化に関する授業を受けて、フィクションの見方を学びます。この時間は、私にとって本当に貴重でした。それまで、単純に楽しんでいた映画やアニメ、マンガ、ゲームなどのコンテンツを学術的に分析する仕方を学べたのです。

こうした経験から、私は二〇一七年に書籍『ゾンビ学』(人文書院)を出版することができました。ゾンビ学とは、ゾンビを作り出す方法を研究する学問、ではなく、虚構の存在である「ゾンビ」が、どのように構築されてきたのか、その性質は社会のあり方とともにどのように変化してきたのか、ゾンビが描かれたコンテンツから何を読み取ることができるのか……。このような問いを探究していくものです。

『ゾンビ学』のねらいは、ゾンビに詳しくなってもらいたいというのもありますが、もっとも重要なコアな部分は、「研究」というアプローチの面白さを知ってもらうことです。小学生のころに『鼻行類』を読んだ子どもが、大人になって大学教員になって、こんなことをやっているわけです。本、そして、その中に書かれた知識や情報は、手にした人間の行動を変え、人生を形作っていきます。

鼻行類は架空の生き物であり、その内容は嘘で固められています。世の中には、キャラクターやフィクショナルな存在が、たくさんあります。それらは本当には存在しないものですが、でも、どうしてこんなに心惹かれるのでしょうか。それは、その根幹に「本物」があるからです。それは、「世界を面白がる」という思想です。それは、「知的好奇心」をくすぐるのです。よくできた「本物」は人間の心をゆり動かし、その人がまた、本物の面白いものを創り出してゆく。文化は、そうして紡がれてきたのです。

14

プレゼンター……向坂《さきさか》くじら（詩人）

草野《くさの》心平《しんぺい》「冬眠」「ヤマカガシの腹のなかから仲間に告げるゲリゲの言葉」『草野心平詩集』

（ハルキ文庫、2010年）

小池　皆さん……なんと次で最後のプレゼンとなってしまいました。ご担当いただくのは、こちら、詩人の向坂くじらさんです。向坂さんと言えば、『とても小さな理解のための』（しろねこ社）が詩集として異例の大ヒット！それに、エッセイ集『夫婦間における愛の適温』（百万年書房）も大好評ですね！

向坂　ありがとうございます。

小池 そして予備校で現代文を教える私としては、やはり、向坂さんご自身の塾「国語教室ことぱ舎」でのご活動も気になるところ。やはり授業は、詩が中心なんですか？

向坂 いいえ。塾ではとりたてて詩を中心に教えているわけではなく、読むことと書くこととを軸に、いわゆる国語の指導をしています。詩は主に出張授業で扱いますね。

小池 んー、向坂さんの詩の授業、気になる！

向坂 ……では、小池さん、こちらの詩、ご存知ですか？

小池 ふむ……って、向坂さん、これ、詩なんですか？「●」って書いてあるだけじゃないですか！ これ、印刷ミスでしょう？

向坂 ちがいます。印刷ミスではなくて、詩です。しかも、一部の引用ではなく、これが全文。この黒い円形にタイトルを加えただけで、この一篇《いっぺん》の詩は完結しています。

小池 ……これ、詩じゃなくて、どっちかというと絵なんじゃ……。

向坂 詩です！ 詩なので、試しにタイトルになにか入れてみてください。

小池　……んー、……「ブラックホール」……？　あ、確かにタイトルが入ると多少は「詩」らしい感じになるかも。

向坂　ブラックホール！　この円、そんなに巨大だったとは。この詩の極端な短さが持つ、なにかただならぬ感じにも合っていますね。ただ、ブラック＝黒、ホール＝穴は、どちらもちょっと連想としては直接的です。もう少し工夫してみたいですね。

小池　ぐぬぬ……私には、これ以外の連想は……（笑）

向坂　最初に抱くイメージって根強いですからね。では、続きは〝本のプレゼン〟で。

小池　向坂さんは、クマガイユウヤさんとのユニット「Anti-Trench」で朗読のライブもなさっています。詩人で、エッセイストで、国語の先生で、パフォーマーでもいらっしゃる向坂くじらさんによる〝本のプレゼン〟、皆さん、ご期待ください！

■この詩のタイトルは？

それではもう少し、この詩のタイトルを考えてみよう。こんなのはどうだろう。

「さびしさ」

●

めちゃくちゃさびしい。「ブラックホール」のときとはうってかわってちっぽけに見えてくる。こんなふうなさびしさ、わたしも身に覚えがある。さびしいわたし自身がこの黒い円になったようにも思えるし、心臓がこんなふうに黒くちいちゃくなってしまったような気もする。

ほかにも、小学生にこの問題を考えてもらったときには、こんな答えが飛びだした。

「かたち」

ついついこれがなんの「かたち」かを考えてしまっていたけれど、確かにそうだ、まず「かたち」である。「かたち」ということではじめて、この黒い円そのものを言いあらわせる部分も、間違いなくあると思う。まあ、ある意味、定規だろうが手のひらだろうが、なんでもかんでも「かたち」ではあるのだから、言ってもしょうがないこと、と言ってしまえばそれまでなのだが、しかしそれをわざわざ言うのがおもしろい。

さあ、答えは思いついただろうか。もしかすると、タイトルに入る言葉を考えていながら、頭の中ではまだもうひとつの疑問が引っかかっているんじゃないだろうか。

ひらがなでもカタカナでも漢字でもない、「擬人法」や「対句」なんかもない、たった一文字のこの黒い円。

詩って、こんなことしてもいいんだっけ？

詩こそ、ノールールである

ところでこのあいだ、教室に来た中学生のヨウさんがこんなことを言っていた。

「一回、ノールールで戦ってみたいんすよね」

なんじゃそら、と思って聞くと、喧嘩《けんか》や殴りあいのようなことがしてみたい、けれども空手やボクシングのようなスポーツではいやだ、という。

「や、でも、ルールないと、相手がいきなり仲間を呼んで、五対一とか十対一になったりするかもしれないんだよ。怖くない？」

「うーん。じゃ、向こうは空手とかボクシングのルールで来るけど、こっちはノールールみたいな感じでいきたい」

「ひどいな！」

「向こうはボクシングの技とか使ってくるけど、こっちは武器を持ってて、ぼこぼこにできる、みたいな」

「ひどいなあ！」

あんまりひどくて笑ってしまったけれど、しかし、正直なところ、気持ちはわかる。つまりは、すでにあるルールの、さらに上を行ってやりたいのだ。戦いのルールを破りたい、という以上に、「これが絶対的に正しい」という思い込みの裏をかいてやりたい。

そもそも、あらかじめ決められたやり方というものには信頼がおけない。誰かに従っているだけでものごとがうまく行くのなら、この世界はもっといい感じに回っていてもおかしくないじゃないか。そうだ、これまでに自分がどれだけ、形骸《けいがい》的でナンセンスな、作った方にばかり都合のいいルールに痛めつけられてきたことか。門限、心にもないあいさつ、百年前からありそうな校則、謎の手数料を支払い、女だからとヒールを履かされ、屈辱的なレディー・ファーストに影で舌打ち……。

だから、なにも考えずにルールに従い、人のやり方を真似するだけのやつを見ると、無性に腹が立ってくる。それがどんなにばかげていることか、なんらかの形で思い知らせてやりたくなる。確かにそうだ、自分だけのやり方で、ぼこぼこにしたい。ああ、自由でいたい。どんなに人の言うことを聞くほうが楽な世の中だったとしても、わたしだけは、どうにか自分の頭で考えて、死にものぐるいで自由でいたい……。
そしてきっと、だから詩を好きになったのだ。

ここで正解を発表しよう。

「冬眠」　草野心平

●

というわけで、この詩のタイトルは「冬眠」。「蛙《かえる》の詩人」と呼ばれた草野心平の詩だ。「春のうた」が小学校の教科書に載っているから、もしかしたら「ケルルン　クック」という蛙の声に聞き覚えがあるかもしれない。この詩も蛙を書いた詩集に収録されている。「冬眠」しているのも、おそらく蛙なのだろう。
わたしはこの詩を読むと、穴の中で眠る蛙のちぢこまった身体、沈黙、めぐる季節のなかの小休止のようなもの、その全体を、「冬眠」という二文字と、この図形から想像する。さらには、この詩の、これまでは単なる余白に見えていた部分が、冬の白色として浮き立つように見えてくる。

そして何より、何度見ても、その自由さに驚く。ひらがなでもカタカナでも漢字でもない、「擬人法」や「対句」なんかもない、たった一文字のこの黒い円。

詩って、こんなこと、してもいいんだ。

だから、ヨウさんにもこの詩を見てもらうことにした。

「なんすか、これ」
「詩なのですよ」
「詩って、こんなんアリなんすか」
「アリなんすよ！」
「へー、おもろいすね」

そう、アリなのだ。そして、おもろい。詩というとどうしても、「細かく改行した、短くて情緒的な文章」みたいなものがイメージされやすい。けれども、ぽつんと置かれたこの黒い円もまた、詩なのである。

詩には、よく知られているよりもはるかにたくさんの形がある。こんなふうに一文字だけの詩も（ほかにも）あるし、辞書の説明文のような詩もある、とめどなく続くしゃべり言葉みたいな詩もある。

あえて強気で言わせてもらおう。詩こそ、ノールールである。

習った漢字でもひらがなで書く、ぜんぜんオッケー。一文字で改行してしまうのも、まったく改行しないのも、どっちもオッケー。横書きと縦書きをミックスする、詩の一部を丸や四角で囲む、意味のない言葉を何回もくりかえす、作文の宿題でそんなことをしたらふざけていると思われそうだが、詩ならもちろんオッケー。

「冬眠」はこれ以上ないほどに短い、小さな詩だが、だからこそ、詩のノールールぶりをはっきりと表してくれる。わたしにはこの詩が、こんなふうに励ましてくれているように思えるのだ。

蛙の冬眠を書くためにできることが、黒い円をひとつ書くことだけならば、迷いなくそうしたらよいのだ。詩では、なんだってできる。だからこそ、なんだって詩になるのだ。

「だから、わたしも君とちょっと似てて、ノールールで戦ってみたくて、詩を書いている気がするよ」

そう話すと、ヨウさんはわたしを見てにやにや笑っていた。

草野心平「ヤマカガシの腹のなかから仲間に告げるゲリゲの言葉」

もうひとつ、草野心平の詩を紹介したい。こんなふうにはじまる詩だ。

ヤマカガシの腹のなかから仲間に告げるゲリゲの言葉

痛いのは当り前じゃないか。
声をたてるのも当り前だろうじゃないか。
ギリギリ喰《く》われているんだから。

いきなり不穏である。「ゲリゲ」は蛙の名前で、草野心平の詩にはほかにも、るるる、ぐりま、くみーる、るりる、なんていう名前のついた蛙たちが登場する。

それだけ聞くと、のどかでやさしい、童話のような世界を想像するかもしれない。ところが、この蛙たちはあくまでシビアな現実を暮らしていて、詩の中でたびたび死ぬ。干からびたり、人間につかまって裏庭で衰弱したり、そして、蛇に食べられたりして。何を隠そう、先に名前を挙げたのは、みんな作中で死んでいる蛙たちである。

この詩の語り手、ゲリゲもまた、いままさにヤマカガシ＝蛇に襲われている。嚙《か》みつかれ、腹の中へ呑《の》みこまれていきながら、仲間の蛙たちに向かって呼びかける。


どてっぱらから両脚はグチャグチャ喰いちぎられてしまって。

いま逆歯が胸んところに突きささったが。

どうせもうすぐ死ぬだろうが。


想像するだけで痛い。血みどろだ。童話だったら子どもを泣かせてしまう。痛みの中で、ゲリゲは死を悟っている。けれども同時にゲリゲの言葉には、どこかぴんと張る、力強いものがある。

後悔なんてものは微塵《みじん》もなかろうじゃないか。
泣き声なんてものは。
仲間よ安心しろ。
みんな生理のお話じゃないか。

そして、なんといってもすさまじいのが、このあとだ。詩は後半に差しかかり、おそらくゲリゲの最期も着実に近づいている。ゲリゲは、自分がこれからどのように蛇に呑みこまれ、圧しつぶされるのかを語る。そして、こう言ってのける。

そしたらおれはぐちゃぐちゃになるのだ。
ふんそいつがなんだ。
死んだら死んだで生きてゆくのだ。

わたしははじめてここを読んだとき、あまりの衝撃に、ゲリゲに向かって勢いよく聞き返しそうになった。「死んだら死んだで生きてゆくのだ」⁉ なんですか、それは。だって、ゲリゲさん、死ぬということはもう生きられないということなのであって、基本死んだ先にはなにもないのですよ。そんな、仕事やめたらやめたでなんとかなるよ、みたいな感じで言えることじゃないんじゃないですか。

けれども同時に、やっぱり、猛烈に励まされたような気持ちがする。「死んだら死んだで生きてゆくのだ」。人に言っても、簡単には理解されないだろう。なんの根拠もない、めちゃくちゃだ。けれども、圧倒的に力がある。わたしも、いつか訪れる自分自身の死を、こんなふうに胸を張って受け止めてみたい気持ちになってくる。

詩はやっぱり、自由なのだ。見たこともないような形でもいいし、中身だって、めちゃくちゃに思えるようなことを言い切ってもいい。そしてその自由さが、読む者さえ少し自由にしてしまう。

誇り高き蛙、ゲリゲ。彼がどんなふうに最期の言葉を告げるのかは、ここではお話しないでおこう。ぜひ読んでみてもらいたい。

だった。

自由がほしい君へ

そうそう、「ノールールで戦う」ことについて、わたしとヨウさんはもう少し話をしたのだった。

「まあ、武器を使ってしまったら、それはもはや通り魔だよね」

「あっ、うーん、まあ、たしかに」

そう話しているときもわたしは、草野心平の蛙たちのことを思い浮かべていた。るるる、ぐりま、くみーる、るりる、ゲリゲ。次々に死ぬ弱い生きものたち。蛇に殺され、人間に殺されて、それでも誇りを失わない、もの言う蛙たち。彼らの姿に、強いものが作ったルールの中でときに圧しつぶされそうになる自分たちの姿が重なる気がした。

「わたしがノールールで戦いたいと思うとき、わたしがやりたいのは、弱い立場として、強い立場の相手に立ち向かうことなんだよね。けどそこでこっちだけ武器を持ってたら、それはもう、強い立場から弱いものいじめをしてるだけになってしまうのでは？」

ヨウさんは何度かうなずいた。

「あー。それはちょっと違うっすね」

「殺したいわけじゃないもんね。戦って、勝ちたいのかなあ……」

わたしが首をかしげていると、ヨウさんは答える。

「いや、勝つかどうかも、どうでもいいんです。ぼこぼこにされてもいいんで、挑んで、戦えればいいっすね！」

その晴れ晴れとした答えに、なんだかこちらまですっきりした気分になった。本当にそうだなあ、と思う。本当は、ぼこぼこにするんでも、されるんでもいい。そうすることで、いい加減なルールなるものに縛られずにすんだと思えるのなら。

君たちはどうだろう。

誰かに決められたことでどうしようもなくむしゃくしゃしたり、自分が弱い立場であることがくやしくてしかたなかったり、みんなと一緒なんて退屈すぎて耐えられなかったり、でもその一方で、喧嘩になってもいいから誰かと本気でやりあってみたかったり、とにかく、喉が渇くみたいに、自然に、けれど激しく、自由がほしくなること、ないですか。


じつは、ここまで紹介してきたような詩には、もっと専門的な言葉では「口語自由詩」という名前がついている。「口語」というのは、日常で使うような、現代の言葉のこと。そして、「自由詩」というのは、「この形でないと詩とは呼べませんよ」みたいな決まりごとが、一切ないということ。

ヨウさんには、そして君たちにはきっと、いま生きているこの現実がどれほど複雑で、ときにルールなんかではなんともならないことが、十分すぎるぐらいにわかっているんだろう。そして、「ルールの下で戦え」なんていう要請が、ときに欺瞞《ぎまん》に満ち、弱いものを騙《だま》すということも。だから、ルールのないところから、それを打ちやぶってやりたくなるんじゃないか。

それに、この現実はあまりに複雑で、誰かに決められた言葉、すでに使い古された言葉なんかでは、とても表せないことがある。けれどもなお、なにか、表したいと思う。

わたしはそういうときに、詩を頼りにしたくなるのだ。

ちなみに念のため書き添えておくと、わたしの友達のマリンバ奏者は、「音楽ではなんだってできる、だからこそ、なんだって音楽になる」と話していた。きっと詩以外の場所にも、自由は隠れているにちがいない。だからもしかしたらなんでもいいのかもしれないけれど、わたしにとってはやっぱり、詩である。そして、もしかしたら君にとっても、そうなんじゃないかと思っている。

だから、わたしから提案したい。自由がほしくてしかたない君。

詩は、いつでも君を待っている。

第2部

【対談】

本とつながる、本でつながる

小池陽慈×読書猿

知の楽しみを説くことをライフワークとする読書猿さん。そんな読書猿さんを「本のプレゼン」大会にお招きしていたわけですが、閉会後のいま、はたしてその胸中は……？　わたくし小池が迫ります！

小池　読書猿さん、こんにちは。本日は今回の企画〈本のプレゼン〉を踏まえ、いろいろお話しできれば幸いです。

読書猿　こんにちは。皆さんによる〈本のプレゼン〉、楽しませていただきました。

小池　それはよかった！

知ることの意味

読書猿　まず考えさせられたのが、安積宇宙さんのご発表ですね。

小池　安積さんは、金満里さんの自伝『生きることのはじまり』を紹介なさいました。

読書猿　はい。安積さんや、安積さんの紹介なさった『生きることのはじまり』の内容に触れて、私はやはり、差別ということについて考えてしまいました。

小池 差別、ですか……。

読書猿 私が思うに、差別の核心には、「相手を自分より低い、劣った存在として扱う」に加えて「差別されている相手に、その原因があると考える」というのがあると思うんです。

小池 「差別されている相手に、その原因があると考える」……SNSやネットの投稿欄などのヘイトスピーチを見ていると、そうした書き込みに数多く出会いますよね……。

読書猿 ですね、非常に残念なことに。そしてこうした考え方は、誰しもが持ってしまう可能性がある。小池さんや、もちろん私だって。

小池 ……自分に何か後ろめたいところのあるとき、逆に相手を悪く言い、自分を正当化しようとする――恥ずかしながら、思い当たる記憶はたくさんあります。

読書猿 きっと、誰にも。さらにこうした考え方は、苦しんでいる当の本人すら、内面化してしまうことがある。「差別されるのは、自分にも責任があるからかもしれない」と。安積さんもまさに、「自分が相手に負担をかけているのではないかと心配になることがある」とおっしゃっていました。安積さんは『生きることのはじまり』を読むことで、見事にそうした思考から離れることができたわけですが。

小池 誰かを差別する側のみならず、差別される側さえも、あたかも自分自身に非があるかのように思い込んでしまう……どうすれば、こうした負の連鎖を絶つことができるのでしょうか。

読書猿 まずは、差別を作り出すこうしたメカニズムを知ることだと思います。自らの体験を深く省み、あるいは他者の体験、そしてさまざまな学問的な知識など――そうしたものをたくさん知ることで、差別というものを理解する。そうすることで、一見すると変えがたく思える差別の構造――あるいはそうした〈型〉を解体し、そこから自由になるための糸口を見出すことができるかもしれない。

小池 安積さんが、『生きることのはじまり』を読み、自由を獲得したように、ですね。

エッセイというもの

読書猿 いま、私は図らずも〈型〉という言葉を口にしました。そして〈型〉と言えば、例えば宮崎智之さんのプレゼンです。

小池　宮崎さんは、エッセイを非常に推していましたね。

読書猿　はい。そのエッセイなんです。エッセイというのは、元々フランス語の「試す、試みる」を意味する動詞に由来する言葉です。つまりエッセイを書くことって、試行であり実験なんです。あらかじめゴールが決まっているわけではなく、どう書いていいいか、何を書くべきか、右往左往しながら探し出していく、つまりは試行錯誤。

小池　となると、エッセイには、その〈型〉なるものがない……？

読書猿　ですね。レイコフという言語学者の「導管メタファー」という考え方があって、これはコミュニケーションを水道管みたいなものにたとえた発想なんですが。

小池　コミュニケーションを、水道管に……。

読書猿　はい。水道管に詰まりがなく、滞りなく水が流れるかのように、メッセージの書き手の考えをそのまま読み手の頭に移動させることができるのが理想のコミュニケーションだ――そんなイメージなのですが、ここでは、書き手の頭の中にあらかじめ伝えるべき何かが完成していることが前提となっています。でもエッセイというのは本来、そういうものじゃない。むしろその「何か」を見つけるためにこそ書くも

小池　のだ、というか。

なんとも〈型〉破り！　そしていま読書猿さんのおっしゃったのは、エッセイを書くという営みにおける〈型〉の不在なのですが、私は、エッセイを読むということにおいても、〈型〉というものは、かなり不安定なものであると実感します。

読書猿　ほう。

小池　というのも、私は予備校で現代文を教えているのですが、評論や小説の読み解き方については、ある程度〈型〉を示すことができます。でもエッセイでは……。きっとだからでしょう、中高生には、このエッセイの読解を苦手とする人も少なくない。

読書猿　興味深いですね。となると、エッセイを読むことというのは、書き手の試行錯誤に、読み手もまた参加することと言えそうです。

小池　読み手参加型の試行錯誤……宮崎さんは、さくらももこさんのエッセイについて、「何度も何度も会話」することのできる「親友」だ、とおっしゃっていましたが、それもまた、エッセイの持つこうした特色と深く関わるのかもしれません。

読書猿　確かに。そして私たちの人生もまた、決まった〈型〉やあらかじめ用意された答えがあるわけじゃない。つまり、死ぬまで試行錯誤し続けるわけです。だからこそ、エッセイは、人生に効く。そう言えるのではないでしょうか。

〈型〉の重要性

小池　ただ、〈型〉をめぐるまた別の視点を教えてくださったのが、谷知子『和歌文学の基礎知識』のプレゼンをなさった御手洗靖大さんです。御手洗さんは、「圧倒的な現実」が「人間から言葉を奪う」とき、「辛うじて心のごく一部を掬い取ってくれる文化」こそが「型」なのだと、そう、おっしゃいました。

読書猿　なるほど、そうした意味での〈型〉について考えるなら――そうですね、例えば、漱石《そうせき》がI love youを「月が綺麗ですね」と訳したとかいう都市伝説がありますが、どうしてこんな出典も見つからない話が、まことしやかに人々に受け入れられているかと言えば、ここにはまさに、文化という〈型〉が関わってくる。

小池　と言いますと？

読書猿　つまり、「誰かがいきなり自然を描写し始めたら、何か心が動いてるってことなんだ。その最たるものが恋愛感情なんだ」という日本文学の約束事、すなわち〈型〉

が、かなりの人たちに共有されてるのじゃないか、と思います。

小池　ああ、確かに。だから私たちは、「「月が綺麗ですね」エピソードも、もしかしたら本当かもしれない……?」なんて信じてしまう、と。

読書猿　そういうことです。私たちは、無数の先人たちから、これまた無数の言葉を通じて、無数の文化を〈型〉として手渡されている。そしてその〈型〉を通じて――例えば、出会ったこともない人々と、「月が綺麗ですね」というエピソードの面白さを共有することができる。いわば〈型〉とは、この場合、数えきれないほどにたくさんの他者たちと共鳴するための回路であると言えるかもしれない。

小池　文化という〈型〉について、それを「救いではないか」とおっしゃる御手洗さんの言葉が、よりずしんと胸に響きます。私、子どもの頃、「僕が見ている青とあの子が見ている青は違う色なのかも」とか「僕が感じるズキズキとした痛みと母さんが感じるズキズキとは、違うズキズキなのかも」などと、よく思っていたんですね。感覚や知覚などを、他者とは共有することができない、ということですね?

読書猿　はい。そう考えると心がゾワゾワして怖かった。実は、いまでも。だから、〈型〉を通して他者と共鳴するという発想には、とてもとても勇気をもらえます。

読書猿 その恐怖はとても切実で、〈型〉が救いである、というのに共感します。先人が用意してくれた無数の〈型〉は、私たちをつなぐものかもしれない。私たちは、それらのうちのどんな〈型〉を、どういうふうに受け取るか。そこにもまた試行錯誤がありそして試行錯誤があるということは、そこからまた新しい何かが生まれる可能性もあるのかもしれません。

〈型〉と自由と

小池 〈型〉を受け取ることが、新たな〈型〉を創造することにつながる、と。つまりは、〈型〉の継承とそこからの逸脱ということですね。〈型〉は、私たちを縛るものであると同時に、そこからの自由のきっかけをもたらしてくれるものでもある……。

読書猿 そこで考えたいのが、向坂くじらさんのプレゼンです。向坂さんは、草野心平の非常にユニークな詩を紹介しながら、「詩はやっぱり、自由なのだ」と強調なさっていました。そしてここで向坂さんが想定されている詩は、いわゆる〈自由詩〉です。

小池 和歌や俳句のような決まったリズム、〈型〉を持つ〈定型詩〉ではないということ

読書猿 ですね。近代に入って以降も、日本の現代詩は、しばらくのあいだは七五調などの〈型〉からなかなか自由にはなれなかった。

小池 はい。日本の近代詩における、〈定型詩〉から〈自由詩〉への流れという歴史を踏まえれば、向坂さんのおっしゃる〝詩の自由〟ということの意味も、さらにクリアに見えてくるんじゃないかと。

読書猿 ……先人たちから和歌や俳句などの〈型〉を受け取り……それに、漢詩という〈型〉もありますよね……そこに、明治期以降、西洋から詩というものが入ってきて、手渡されたそれぞれの〈型〉の中で試行錯誤しながら、ついに、それらの〈型〉を打ち破る、〈自由詩〉という新たなものが生まれた……！

小池 まさに、〈型〉破り、ですよね。無数の〈型〉を引き受け、それらと真正面から向き合い、そしてそれらを超えていくこと――ここに、私たちの自由が始まる。

読書猿 となると、私たちの自由というのは、まずは何かしらの〈型〉を受け入れるところから始まる……？

小池 そう言えるのではないでしょうか。自由は、〈型〉からの逃避がもたらすのではなく、むしろ〈型〉を引き受けだその先にある――。

小池　でも、引き受けた〈型〉を超えていくのは、怖くもありますよね……。だって、〈型〉の中にとどまっていれば、ひとまずは安心できるじゃないですか。

読書猿　ですね。さらに言えば、そもそも〈型〉を引き受けること自体、それまでの自分を否定することでもあるわけですから、きっとそこにも痛みはある。〈型〉を引き受けること、および自由を求めることには、ともに相当の勇気が必要であるわけです。

小池　向坂さんがおっしゃっていた「死にものぐるいで自由でいたい……」という言葉が、切々と胸にしみてきました。

リアリズムという問題

読書猿　すでにある〈型〉の乗り越え、という観点からは、リアリズムというテーマも重要になるかもしれません。

小池　リアリズム——現実主義、あるいは写実主義ですね。空想や理想などは描かず、事実をそのままに書き写していく。日本でも、例えば明治も中期に入る頃、坪内逍《しょう》遥《よう》や二葉亭四迷らが、そうしたモードを文学に切り拓いていこうとしました。

読書猿　あるいは、正岡子規らの写生文もまた、実景をありのままに描くというリアリズムです。そして逍遥も四迷も、もちろん子規も、伝統的な文学という〈型〉を乗り越えていくために、この近代的な新たな文芸を先導したわけです。

小池　なるほど……となると、ここで考えたいのは、例えば仲町六絵さんの紹介なさった梨木香歩『家守綺譚』などの作品です。つまり、ファンタジーですね。仲町さんご自身も『からくさ図書館来客簿』というシリーズをお書きになっていて、これがまた、〈現代の京都にある図書館の館長が、平安時代の貴族で閻魔大王に仕えたと言われる小野篁〉なんていうファンタジーな設定なんです。ファンタジーって、いま話題となったリアリズムとは、まさに対照的な描き方ですよね。

読書猿　ファンタジー――あるいは、魔術的リアリズム、でしょうか。

小池　魔術的リアリズム……？

読書猿　信じられないほどに奇妙な出来事を、徹底的に緻密に、かついかにも現実的なふうに描いていく手法ですね。

小池　ふむ……確かに『家守綺譚』も『からくさ図書館来客簿』も、設定を詳細に想定し、背景を緻密に描き込むなかで、あり得ないはずの出来事をさもリアルに語っています。

読書猿 近代に始まるリアリズムは、今ではもはや、小説の主流です。そこではもう奇跡は期待できないし、退屈な日常がただ淡々と繰り返されていくだけ。そして私たちの多くは、自分の人生をも、きっとそう感じてしまっている。

小池 ……少し、わかるかも……。

読書猿 はい。これでは、夢も見られないし、『家守綺譚』が描いたようには、〈夢のその後〉を思うこともできない。だから時々、こう言いたくもなる。「こんな文学／人生を、私は本当に読みたかったのか／生きたかったのか？」、と。

小池 そんなとき、ファンタジーや魔術的リアリズムは、一つの光明となる？

読書猿 そう言えるのではないでしょうか。

小池 伝統的な〈型〉を乗り越えたものとしてのリアリズムが、今度は新たな〈型〉となり、そしてそのリアリズムという〈型〉に私たちが息苦しさを覚えたとき、それを乗り越えるものとしての魔術的リアリズムという地平が開かれてゆく……！

自身の加害性を知るということ

読書猿　どうやら我々は、この対談を、〈型〉というテーマで進めていくべきであるようです。

小池　冒頭、安積宇宙さんのプレゼンを踏まえた話の中で、すでに、差別のメカニズムを知ることで差別の構造＝〈型〉を解体する、という話題が出ていましたね。

読書猿　はい。そして、この差別と〈型〉というテーマは、また別の観点からも考えることができる。そこに気付かせてくれたのが、木村哲也さんのプレゼンでした。

小池　木村哲也さんは、いわゆるハンセン病文学としての詩を、ハンセン病という病気やその歴史の説明などを踏まえながら、紹介してくださいました。そして、ハンセン病患者やその家族に対する差別についても。

読書猿　ハンセン病への差別は、例えば政治、医学、あるいは警察などの、言うなれば大文字の権力が作り出したものでもあります。ただ、忘れてはならないのが、誰かしらを自分たちとは異なるものとして分けて、社会から排除するという暴力は、実は、私たち一人ひとりだって、犯してしまう可能性がある。あるいは、犯してきた。

小池　……およそ権力というものとは遠く思える一般の市民が、差別の主体となってしまっている例は……枚挙にいとまがありませんね。残念ながら、この現代においても。

読書猿　だからこそ、差別されてきた／されている人たちの声を聞くことで気付くことができるものがある。そうした「声」はある日、突然生まれるものじゃない。「声」になるまでにどれだけの痛みと葛藤、逡巡《しゅんじゅん》と抵抗、自分のものだけじゃない思考と行動の積み重ねが必要なのか、が分かる。

小池　その声を聞けば……自身の加害性、自身もまた差別をする側の者であったということに、気づくことができる？

読書猿　はい。というのは、差別って、された瞬間、辛い目にあった瞬間に「これは差別だ」と分かるものじゃないんです。何度も辛さに向き合い、その意味を考え、自分と社会の間で何度もやり取りして、ようやく差別として捉えることができる。ようやく「声」を上げられる。そして文学のみならず、たくさんの証言や語り、社会運動などの積み重ねについて知ることも大切です。そうして積み上げられてきた知が認識の〈型〉として機能するからこそ、それを受け取った私たちもまた、社会にある、あるいは自身の中にある差別を差別として意識することができるんです。

小池 意識することができれば、そこから自由になれる可能性が開ける――。

読書猿 ですよね。差別についての知を〈型〉として手にすることで、差別を差別と認識することができ、私たちは差別という行為から自由になり、そして差別という不正に対して立ち上がって闘うことができるようになる――そう言えるのではないか、と。

小池 安積宇宙さんのところでお話しした、差別の構造＝〈型〉、というのとはまた異なる観点ですが、ここにもまた、知ること・〈型〉・差別からの自由、という考え方を確かめることができました。

読み換えていくこと

読書猿 ここで少し、深掘りしたいことがあります。それは、小川公代さんがご紹介なさったオスカー・ワイルドについてです。

小池 私がワイルドについて持っていた「退廃的」なイメージとは異なる、新たな一面を教えてくださいました。「社会的弱者の味方」としてのワイルド、という。

読書猿 例えば、彼の作品『サロメ』の解釈ですよね。小川公代さんは、ヘロデ王の申し出や欲望を拒むサロメの態度から、男性中心主義的社会への「抵抗」というテーマを読み取る。自身も性的マイノリティであったワイルドという作家やその作品の持つ現代的意義というのは、なるほど大きなものがありますよね。ただ……。

小池 ?

読書猿 ワイルドを現代的文脈で再評価するとき、彼の負の側面にも目を向けておかないといけない――私は、そうも思うんですね。ワイルドは、少年を買春しています。

小池 ……そう、なんですね……。

読書猿 もちろん現代の基準で過去の人の行いを断罪することの是非はあります。でも、ワイルドという人物を社会運動の文脈で再評価するなら、そこから目を逸《そ》らしたくない。私たちが再評価するワイルドは、実在のワイルドではなく、私たちが自分たちの信条や思いに即して作り上げたワイルド像である――そのことに、自覚的でありたい。

小池 そう自覚することで、実在のワイルドを絶対視せずにいられる……?

読書猿 それが決定的な解決になるかはわかりませんが、一つの糸口にはなるかもしれない、と。そしてこのとき、例えば『サロメ』が戯曲であることに、大きな意味が出てくる。戯曲はお芝居の台本です。つまり、舞台で演じられて初めて、物語として成立する。そしてそこには必ず、作者以外の解釈が入り込むことになるわけです。

小池　作者以外の解釈――演出家はもちろん、舞台監督、あるいは役者だって自分なりのサロメ像、自分なりのヘロデ王像を解釈し、演技に反映させますよね。

読書猿　はい。そしてそこには当然、それが演じられる時代、演出家などの解釈者が所属している社会の価値観なども、おおいに影響を与えることになります。例えば、二〇一七年、イギリスで「チューリング法」が施行されます。同法は、かつて男性同性愛を違法としていた時代に有罪とされてしまった数多くの男性同性愛者――もちろん皆、亡くなっています――を、無罪とすることを宣言しました。そしてこの年にロイヤル・シェイクスピア・カンパニーが上演した『サロメ』では、なんとサロメは女性とも男性ともつかない存在として演じられたんです。

小池　性的多様性という時代の価値観を反映した演出になったということですね！

読書猿　そういうことですよね。そしてこうした時代や社会の価値観は、そこに生きる人々が過去の作品を解釈するうえでの〈型〉とも言える。

小池　……！　その〈型〉を選び、意図して用いることで、『サロメ』は実在のワイルド

読書猿　からの自由を獲得し、そして、現代的な意義をもつ作品へと読み換えられた！　そういう考え方もできるのではないでしょうか。『サロメ』は戯曲ゆえに、そうした読み換えも行いやすい。ただ、同じことはきっと、小説や詩においても応用することができるでしょうね。

パロディで抗う

小池　戯曲と、その解釈としての演出――こうした構造と通じるところのあるのが、パロディですよね。元ネタがあり、それを別の人間が再利用しながらずらしていく。木村小夜さんが紹介なさった太宰治『お伽草紙』なんて、その典型なわけです。

読書猿　ですね。そしてそのパロディについて考えるうえで、木村小夜さんの着目していた、私たち人間個々の「性格」というものが重要になってくると思います。

小池　「性格」というのも、私たちの行動や生き方を左右する、〈型〉と言えますよね。

読書猿　まさに。そして自分と他者との〈型〉は、当たり前ですが、異なります。自分の「性格」という〈型〉は、自分とは異なる他者の「性格」という〈型〉と遭遇することで、初めて、明らかになるものです。

小池　ある意味で、異文化接触のようなものですね。他者の文化と出会って初めて、自分の文化を理解できる、というような。ただし、そうした「接触」は、幸福なものとは限りません。むしろしばしば、摩擦や葛藤、衝突などが生じることになる。

読書猿　さらに言うなら、人と人との間には、しばしば、権力的な意味での強い弱いという関係が生じるわけです。そのとき、弱い立場の人間にとって、他者の「性格」との遭遇という〝異文化接触〟は、おそらく、他者の〈型〉の高圧的な押しつけというかたちで迫ってくるものとなる。

小池　なるほど……。とりわけ、大人に比べて立場の弱い十代の若者たちにとってみれば、そうしたケースはかなり頻繁に起きそうですね……。

読書猿　間違いなくそうでしょう。そしてそうした〈型〉の高圧的な押しつけに対する抗いかたの一つが、パロディなのではないでしょうか。

小池　つまり、押しつけられた〈型〉を利用しつつも、しかしながらそれをずらして遊んでしまうということですよね。

読書猿　はい。優れたパロディを読むことは、そうした抵抗の術《すべ》を自分自身の中に養い、鍛えていくことにつながるのだと思います。

小池　自分を押し潰そうとしてくるものに対する、笑いを込めた批判——パロディという手法は、「性格」なるものの生む人間関係のしんどさを生き延びるための希望であるのかもしれません。私も高校生の頃に太宰に夢中になったのですが、もしかしたら、そんなことを無意識のうちに感じ取っていたのかなぁ……。

外に出るということ

読書猿　そしてもうひとつ——他者、あるいは他者の集まりであるところの社会が強いてくる〈型〉に圧を感じたならば、そこから外へと出ていくこと、たとえば旅もまた、抵抗のための一つの手段になると思います。

小池　藤本なほ子さんが、『このようなやり方で300年の人生を生きていく［新版］あたいの沖縄旅日記』をご紹介なさっていました。

読書猿　不思議な旅の本ですよね。日記を綴ったたてつオさんの旅は、ある意味で、まだ続いていると言える。つまり彼の旅は「行って帰ってこない旅」であって、一生が、旅。

小池　……それって実は、かなりきついことですよね。旅というのは、いま自分の生きている社会という〈型〉からの離脱であり、すなわち、予測不可能性の中へと我が身を投じる行為でもあるわけです。それをずっと続けるなんて、生半可な態度では、なかなか、できるものではない。

読書猿　逆に言えば、私たちの社会の〈型〉は、ある程度の予測可能性、言い換えれば平和で安心できる日常を保障してくれるものでもあるのですよね。ゆえに、そこに安住する人たちにとっては、てつオさんのような生き方は、ちょっと受け入れがたい。

小池　だから、「いつまでもこんな事をしているとバカだと言われるよ」とか「少しは、社会や他人のための事もしなくちゃね」などと、自分たちの〈型〉を押しつけてくるわけですよね。いわゆる、同調圧力とも言える。

読書猿　てつオさんのように、そうした〈型〉の外へと、しかも「行って帰ってこない旅」をしたのが、例えば幸田成行《こうだしげゆき》という人物です。彼は、官職を捨ててまで、北海道の赴任地から東京まで野宿同然の旅に出ました。そしてその旅の過程で精も根も尽きかけたとき、野ざらしの死を思いながら詠んだのが、「里遠しいざ露と寝ん草まくら」という句。ここから、「露伴」という号を得て——そう、文学者幸田露伴の誕生です。

小池　社会の〈型〉に背を向け、旅に身をさらすことで確立されたアイデンティティ！

読書猿　自分の旅を文章に書いたというのも、てつオさんと露伴の共通点ですね。そして彼らにとって、旅を書くという営みは、また次なる旅への始まりなのだと思います。そしてその新たな旅を旅するのは、その旅をしたためた彼らだけではない。

小池　つまりは、彼らの旅を読む、この私たちもまたそこから旅を始めることができるということですね？　そしてその旅は、何も、物理的な外出や遠出でなくてもよい。

読書猿　誰しもが、今ここにいながら、心の中で旅をすることができる。この世に旅があることを知り、「ここではないどこか」を思った心は、とっくに旅を始めている——私も、そう思います。

Show, don't tell!（語るより見せよ）——私たち大人へ

小池　岡本健さんご紹介の『鼻行類』も、〈型〉というテーマから語れそうです？

読書猿　この作品こそ、まさに。まず、フィクションという語は本来「人間が作ったもの」

という意味で、「自然」と対比される概念です。そして前者「人間が作ったもの」を対象とする学問が人文科学で、後者「自然」を対象とする学問が自然科学です。

小池　ああ、確かにフィクションである『鼻行類』は、著者が妄想した――つまりは人間が作った世界を記述しています。でも、いかにも自然科学の本っぽい……。

読書猿　そこです。例えば注の付け方、文体、それに科学者っぽい（?）著者名など、『鼻行類』はいかにも科学書らしい〈型〉をあらゆる項目で用いているんですね。つまりこの本は、人文科学的フィールドと自然科学的フィールドを越境しているわけです。

小池　ここまでの話に絡めるなら、異なる二つの領域のあいだを、自由自在に行き来している――いや、〝旅〟しているということですね！

読書猿　それがこの作品の面白さを際立たせているのだと思います。プレゼンターの岡本健さんと言えばゾンビ学で有名ですが、そういえばゾンビも、生と死という対立する領域を越境する存在です。「岡本さんのゾンビ学の源は『鼻行類』だったのか！」と腑《ふ》に落ちました。

小池　うーん、深い……！　そして、そうした越境が可能なのも、『鼻行類』の著者が、

読書猿 さまざまな科学書の〈型〉を、自らの〈知〉として有していたからですよね。そういうことになりますね。

小池 つまり、〈知〉という〈型〉を数多く学び、自分のものとすることで、私たちは、たとえ空想の世界とはいえ、自由を遊ぶ力を手にすることになる！

読書猿 私も「なぜ学ぶのか」と問われたら、「自由になるため」と答えますね。

小池 予備校講師の私が言うのも変な話ですが、若い人たちには、受験や偏差値のためだけじゃなく、知ること学ぶこと自体を、もっともっと楽しんでほしいなあ。思えば子どもの頃、昆虫や恐竜や天体の図鑑をめくりながら、テストでは覚える必要もないさまざまな知をひたすらに覚えました。そして自分だけの空想の世界を立ち上げ、そこで遊んでいたんです。私は今でも、ああいった読書を、最高の読書だと思っています。

読書猿 そういった知の喜びを若い人たちに伝えるには、何より、私たちが楽しんで学ぶ姿を見てもらうことだと思います。Show, don't tell!（語るより見せよ）ですね。

知の恐ろしさ

小池 その意味で、例えば〈本のプレゼン〉での小川貴也さんのインタビューなども、若い世代にとっては刺激になるんじゃないかなぁ。なにしろ、いったん会社に就職してから退社、フリーターになって大学に通い、国語の先生になられた……。

読書猿 そして何よりそのバイタリティの源には、弓道にはまったという経験からの「弓道に関する書籍や古典を読みたい！」という強い思いがあって、そこから漢文を学び、教え、今では中国語も独学なさっているという。

小池 小川貴也さんに教わる生徒さんたちがうらやましいです。と同時に、小川さんの発表は、知というものの恐ろしさも教えてくれました。明治期以降の国語という知の体系が、〈標準語＝優／他の言葉＝劣〉という差別を作り出してしまった、という……。

読書猿 知は素晴らしい可能性を開くものであると同時に、「分断」や「差別」という暴力を働くものともなり得ます。小川さんは「国語」の教師という立場から、「国語」の持つそうした権威性や抑圧の構造を明確に意識されながらお話しになっていました。

小池　私も、教育産業ではありますが、「国語」の指導に携わる人間です。私が教室で「答案で減点されない日本語の表現」を教えているとき、その行為と方言の抑圧という蛮行との間の距離は、もしかしたら、私が思う以上に近いのかもしれない。

読書猿　言葉は、発音にせよ言い回しにせよ、私たちの規範意識を燃え立たせやすい。「違っている」だけでは済ませられない。感情が動かされて、つい「間違ってる！」と指摘したくなる。嘲笑したり、咎《とが》めたりしたくなる。そしてその矛先となってしまった人は、話せなくなり、書けなくなってしまうわけです。

小池　とても恐ろしく、悲しいことです。私も、そうした「規範意識」という〈型〉を、疑い続けなくてはなりません――宗秋月《チョンチュウオル》という作家がいるんですね。代表作は『猪飼野《いかいの》タリョン』。彼女は在日朝鮮人二世で、その幼少期には、複数の朝鮮語の方言、朝鮮語と日本語の混在言語、日本語の佐賀弁、そして書き言葉としての「国語」に囲まれ、その後、大阪の猪飼野でも生きていくことになる。そんな彼女が綴る日本語というのが、ちょっと息を飲むほどに迫力があり、繊細で、はたまた、美しいんですね。

読書猿　すごい。まさに〈型〉をいくつも重ねながら、自分の声をつくった詩人ですね。

小池　はい。〝規範〟的な「国語」が抑圧、排除してきたような日本語の持つ、豊かさ。それを私に教えてくれた作家なんです。

痛みは痛みとして

読書猿　まさに、小川貴也さんが『複数の日本語――方言からはじめる言語学』から引用なさった「反国語的な活力」そのものですね。そして宗秋月のそうしたありようは、おそらく、三宅香帆さんのプレゼンなさった『オリガ・モリソヴナの反語法』の中のオリガ・モリソヴナにも通じる。

小池　オリガ・モリソヴナは、さまざまな舞踊を踊れたダンサーで……そういえば舞踊というのも、身体の動きをめぐる一つの〈型〉ですね。

読書猿　ええ。まさにオリガ・モリソヴナは、さまざまな〈型〉を踊ることができるゆえに自身の「舞踊」を持つ踊り手であったと言える。そしてそうした〈型〉を駆使することによって、権力の押しつけてくる〈型〉に抗ったわけです。

小池　なるほど。宗秋月における書くことと、見事に重なってくる。

読書猿　舞踊は、日常生活では採用されないような動きでできていますよね。逆に言えば私たちは、日常生活の中で、身体の可能性の大部分を抑圧し、断念している。「自分は踊れない人間だ」という〈型〉に、自身を閉じ込めてしまっている。

小池　ということは、舞踊とは、新たな〈型〉の体得を通じて、自らの身体の可能性を思い出すということ……?

読書猿　と、言えますね。身体をめぐる他の複数の〈型〉を取り入れていくことで、日常のなかで「これしかない」と思い込んでいた一つの〈型〉から、自由になれる。そしてこのことは、三宅さんがプレゼンでおっしゃっていた、〈子どものつらさ／大人の楽さ〉というテーマとも関係してくる。

小池　つまり……?

読書猿　大人や社会は、子どもに対し、常に一つの〈型〉を押しつけてきます。それが唯一の〈現実〉であるかのように。大人は複数の〈型〉を知っていて、そのどれかを選べるからいい。でも、子どもにはそれができない。だから、つらい。傷つく。痛い。

小池　だからこそ三宅さんは、「物語を通して、擬似的に傷つく」ことを勧めるわけですよね。そうすることで、人は、少しだけ強くなることができ、だからこそ、「しんどい現実を乗り越えられる」、と。

読書猿 大人や社会は、子どもたちに、「弱みを見せたらおしまいだ」と、理不尽な状況を強いてくるものです。でも、無痛の人生なんてありえません。三宅さんの言葉には、「痛みはあるんだ、痛がっていいんだ、痛みを無かったことにしなくていいんだ」——そんなメッセージも、きっと、込められているのではないでしょうか。

規範を相対化する

小池 三宅さんのおっしゃる「傷つく読書」というのは、非常に、読む人間の身体性を感じさせる表現でもあります。先ほど私の紹介した宗秋月は、一時期、詩を書けなくなってしまうのですが、それでもかろうじて表現した作品を音読することで、自身の言葉を発見していくんですね。この音読というのも、身体的な読書ですよね。

読書猿 読むことと身体というのは、非常に大切な観点かと思います。私は、身体ごと自分を投げ出し、自分を作り変えること無しには、読むことはできないとすら思います。

小池　田中健一さんも、そのユニークな読書法の紹介のなかで、音読を挙げていましたよね。のみならず、書き写す、ということも。この書き写すという行為も、ペンを握る、芯と紙との摩擦を感じる、指や手首に疲労を覚える……等々、まさに読みの身体性を象徴するものと言えます。

読書猿　そうですね。そして、黙読というのは、実はわりと最近に〝模範的〟な読書法となったものに過ぎません。そもそも書物がもっと高価な時代には、一冊の本は音読され、複数人によって同時に楽しまれる読み方が普通でした。

小池　それが今や、読書といえば黙読……。

読書猿　読書は、私たちが思うよりずっと、強い規範に縛られている気がします。例えば多くの人たちは、「通読」を、唯一の正しい本の読み方だと思い込んでいますよね。

小池　それに対して田中さんは、「拾い読み」という方法を示されました。黙読あるいは通読という規範から、音読や書写や拾い読みという〈型〉を知ることで、自由になる。

読書猿　そう。さまざまな〈型〉を知ることは、自分がそれまで規範と信じて疑わなかったものを、「……あれ、そうでもないかも」と相対化することに繋がります。もちろんそれは読書のみならず、学ぶこと、あるいは人生なるものについてだって、言えるかもしれない。

小池 私たちは、日常、自分の生きる人生について、それを当たり前の前提として信じ込んでしまっていて、深く考えないですよね。

読書猿 はい。けれどもたくさんの〈型〉を学び、自分がそれまで〝当たり前〟だと思ってきた人生を相対化することができれば、そこには当然、「人生とは何か」といった問いが意識されることになる。こうした問いは、日常生活からしたら確かに「異物」だけれど、その異物が照らすものがあり、輝かせるものだってあるのだ、と言いたい。

言葉をつむぐということ

小池 読書猿さんの言われた「異物」は、渡辺祐真さんのおっしゃる「物語」というものにも通じる考え方かと思います。渡辺さんは、見捨てられたものや人の存在に気づき、それを書き留める営みが「物語」なのかもと結んでいました。普通に生活していたら見捨てられてしまうものや人とは、言い換えれば、日常における「異物」です。

読書猿 となると、「物語」とは、見捨てられた「異物」を見つけ、それを綴っていく営みである、と。なるほど、確かに。――あるいは、この対談の最初のほうで、私は「導管メタファー」という考えを批判しました。理想のコミュニケーションとは、書き手のメッセージをそのまま読み手の頭に移動させることである、という考え方です。ここには、メッセージをかく乱したり惑わせたりする傷が想定されていません。つまり、純然たる「わかりやすさ」だけが価値あるものとされる。

小池 ……メッセージのやり取りにおける「異物」がない、ということですね？

読書猿 はい。でも「わかりやすいメッセージ」とは、そこで完結してしまうものです。私はそうした文章を面白いとは思えません。むしろ、多少なりとも傷――「異物」の感じられる文章に、魅力を感じる。「わかりにくい」ところがあればこそ、もっと考えたいし、あるいは、こちらからも応答したいと思える……！

小池 日常で見捨てられた「異物」を書き留め、しかも、わからないことはわからないままに、すなわち「異物」のままに語る――そこに、豊かな「物語」が生まれる……。

読書猿 本当にそう思います。そもそも人は、自分の思いなるものを、胸の内に、明確な輪郭を持つ「わかりやすい」メッセージとしてなど抱いていない。むしろ、言葉にできない思いがあると感じるからこそ、無謀にも語ろうとする。逆にそのなかで、語るべきことが、少しずつ、ぼんやりと、形を成していくのではないでしょうか。

小池 そしてそうした〝語るべきことの構築〟において、渡辺さんのおっしゃった「物語」のフォーマット的な機能は、おおいに力になってくれるでしょう。古今東西、星の数ほどある「物語」は、私たちの心の内のモヤモヤを、言葉にしてくれます。

読書猿 「物語」だけではありません。学ぶということを通じた知の継承もまた、同様です。私たちは知という〈型〉を、バトンとして、先人たちから受け取り——そして、思いを言葉にし、自由の方へ向かっていけるんじゃないか、と。

小池 そのとき、他ならぬこの自分もまた、そうした知の継承の主体として、人類史の中に存在することになる——。読書猿さん、十代の若者たちに向けた力強いメッセージをありがとうございます。そして私にとっても、本当に実りある対談となりました。

読書猿 こちらこそ、貴重な機会をありがとうございます。それでは、また、どこかで。

第3部

つながる読書

第1部「本のプレゼン」でプレゼンターの方がご紹介なさった本、あるいはお話しになったことについて、他のプレゼンターの方は、何をどうお考えになったのか。こちら「つながる読書」をお読みになったあとで、ぜひ、皆さんも、思うところなどを文章にまとめてみてくださいね。

from
木村哲也
▼▼
to
向坂くじら

いろいろな人と話をしたり、いろいろな本を読んだりしていると、以前、疑問に思ったままでいたことが、不意につながることがある。

今回、向坂くじらさんがご紹介なさった『草野心平詩集』（ハルキ文庫、二〇一〇年）を手に取って、あるページが目にとまり、あっと声を上げた。そこには、「1941年、「歴程」同人ら」というキャプションが付された集合写真が一枚掲載されていた。

十三人の人物が写っている。しかし、キャプションに名前があるのは、尾崎喜八、草野心平、高村光太郎、吉田一穂、伊藤信吉の五人。残る八人は名前が載っていない。しかしそのうち、高村光太郎の右隣、伊藤信吉の前に写っていて名前がないのは、大江満雄である。

私が『大江満雄集』（思想の科学社、一九九六年）を編集・出版することになったいきさつは本のプレゼンでも述べた。その過程で、伊藤信吉から監修の言葉をもらい、写真の提供を受けた。その写真が『大江満雄集』に載っている。それは、まさに同じ写真の、高村光太郎と伊藤信吉と大江満雄の三人だけをトリミングした写真だったのだ。その事実を四半世紀を経て知ることができたのであった。

大江満雄は昭和初期、石版印刷の工場労働者として、プロレタリア文学運動の一翼を担った。かたや草野心平はアナキズム的な心性から運動組織には加わらず、蛙をうたった詩集で小さき者の生と死を見つめた。

向坂くじらさんが取り上げている「ヤマカガシの腹のなかから仲間に告げるゲリゲの言葉」は、いままさに蛇に喰われ飲み込まれていく蛙・ゲリゲが、仲間たちに呼びかける、凄まじい詩だ。

大江満雄編『いのちの芽』にちなんだ企画展を、国立ハンセン病資料館で開催したさい、関連イベントでお招きした現代詩作家の荒川洋治さんは、草野心平の詩「青イ花」を朗読した。この詩もまた、蛇に狙《ねら》われた蛙が、母にお別れを言う詩だ。

荒川さんは、こうした極限状況をうたった現代詩の名作がいくつもあると述べ、ほかに村上昭夫の詩集『動物哀歌』から「豚」を朗読した。『いのちの芽』に載っているハンセン病の詩人たちの作品は、それらの詩と比肩し得る。「ハンセン病文学」という狭い枠の中だけで評価すべきではない。現代詩として評価されるべきものだと述べた。向坂くじらさんの『草野心平詩集』のプレゼンは、私の中ではここでも大江満雄の仕事とつながる。

『大江満雄集』の編集会議での席上、どういう話のいきがかりだったたか、草野心平の話になった。編集委員の一人、詩人の森田進さんが、「草野心平は蛙の詩ももちろんいいけど、日中戦争下の中国大陸の戦場をうたった詩がいいですね」と言ったのを覚えている。

どんな詩だろうとかねがね思ってきたが、このたび『草野心平詩集』を読んで納得した。例えば、「大白道《だいびゃくどう》」という詩の一節。

血のりのついたまんまの顔や。
頸《くび》から上のないものや。
足一本や。
弾痕《だんこん》のある鉄兜《てつかぶと》。
銃をもつものや銃をもつ手のないものも。
音なく。

声なく。
片眼だけしかないものも。
しずかにほほえみ。
歩いている。

戦場の極限状況をうたって絶唱といっていい詩ではないか。皆さんもぜひ全文を味わってほしい。

作家・ゲームクリエイターの渡辺祐真です。

本のプレゼンでワイルドを紹介なさっていた小川公代さんと初めてお会いしたとき、「ファイナルファンタジーX」というゲームの話に花が咲いたことをよく覚えています。「あれはケアの物語！」と強く力説され、いかにそのゲームを楽しんだか、そして現代的な意義を持つかを語ってくれました。ヒロインのユウナというキャラクターに「キミヨ」と名付けられたというエピソードがあまりにチャーミングで、ユウナを見るたびにキミヨだ！　と思ってしまいます。

何気ない思い出話から始めたのは、ここに小川さんという書き手がよく表れていると思うからです。

小川さんはイギリス文学の研究者です。そしてそれに加えて、三島由紀夫、平野啓一郎、『鬼滅の刃《やいば》』、『進撃の巨人』、『機動戦士ガンダム　水星の魔女』といったさまざまな作家や作品の意義を提示する批評家でもあります。小川さんにかかると、それまで見えていなかった作品の魅力がどんどん明らかになって、その作品が大好きになります。

きっと小川さんのプレゼンを聞いた皆さんなら実感できたでしょう。

ここでは簡単に、「作品を読み解き、批評（解釈）するってどういうことか？」について、僕なりに補足しておこうと思います。簡単に言えば、批評という行為は、ある人物のセリフや行動にはこんな意味があるのではないか、こんなふうに捉えると私たちがお手本や反面教師にできるのではないかと、一つの作品を深く、多角的に読み、もっと楽しみ、自分たちの糧にすることです。

優れた文学作品は、現代のものはもちろん、百年前、千年前のものであろうと、ハッとさせられるような意義・価値に満ち溢《あふ》れています。しかし、文学作品を読み慣れていなかったり、人生の経験値が少なかったりすると、その価値の多くを見落としてしまったり、自分勝手な読み取りをしてしまいます（もちろんそれも時に大事です）。

『サロメ』で言えば、サロメは踊った褒美に預言者の首をよこせと要求した……。これだけ聞くと、サロメはとんでもない悪魔に思えたかもしれません。

でも、小川さんの『サロメ』の解釈を聞いた皆さんは、サロメの持つポジティブな役割についてもう知っているはずです。サロメの置かれていた状況を精密に捉えることで、セリフ一つ一つの意味するところがガラリと変わり、作品から受け取る印象が一変する。これこそが批評です。

小川さんの言葉を頼りに、自分なりに『サロメ』を、そして多くの作品を読み解いてみてください！　そうすれば、作品を読む経験をもっと豊かにして、読んだ自分がもっと幸せに、もっと深く考えられる、優しい人間になれるはずです。

from 御手洗靖大 ▼▼ to 仲町六絵

仲町さんと同じく、私も京都で一人暮らしをしながら学生時代を送った。京都とはおそろしい土地で、一度住むと、京都に住んでいた話を一生してしまう。私は左京区の北の方に住んでいた。夕暮れ時、修学院あたりの茜《あかね》色の町並みがなぜかずっと脳裏にこびりついている。

『家守綺譚』の主人公、綿貫は、行方不明となった友人高堂の家族から、家を託された。とある夏、全く手入れをしていなかった庭の、サルスベリが見事な花を付ける。ここから、彼は現世と異界とのあわいを生きることになる。

仲町六絵『からくさ図書館来客簿』にも影響を与えた、この庭の草木は、四季折々の姿を見せる。物語も四季とともに展開する。美しい四季の草花を思い浮かべながら、突拍子もないことを真顔で語る登場人物達。たしかに、引き込まれてしまう。

現世と異界とのあわいの中で、綿貫は、琵琶湖の底、「水底の国」に行き着く。そこは理想の世界であった。しかし、異界に取り込まれることなく彼は現世にとどまった。仲町さんの言うように、譲れないものがあったからだ。

この世の苦しみも悲しみもない、楽園が突然現れたとき、あなたはどうするだろうか。

私はここで、『竹取物語』を思い出す。かぐや姫が月に帰る時、泣き叫ぶ翁《おきな》を一顧だにせず去ることができたのは、彼女の帰る先が、苦しみや悲しみの存在しない世界だったからだと思う。

「水底の国」の紳士から、彼はその地の葡萄を勧められる。その地のものを口にすると、もう現世には戻れない。楽園は理想の世界だ。けれど、綿貫は、自分が生きている理由をそこに見いださなかった。「私の精神を養わない」。高らかに現世に生きることを宣言し、楽園を後にする。

――ここまでなら、よくある話だ。綿貫の、つまりこの物語の注意すべき所はこの先にある。綿貫は、すぐさま踵《きびす》を返して弁明をしに戻るのだ。理想の世界を強く拒絶したとき、その世界を選択した人々――例えば葡萄を勧めてくれた紳士――をも否定してしまったことに気づいたのだった。「自分に酔い、勢いを付けなければ誘惑に負けそうだった。だがそれは大変失礼な態度でもあったと帰ってから分かった」と言う。

どんな世界でどのように生きるか、それは人の数だけある。自分がたまたま選ばなかった人生を、他の人が歩んでいるのかもしれない。そして、そうじゃなかった人生を描いてみせるのが小説であり、文学だ。小説家綿貫征四郎はそれ故に、現世に戻って、彼らを小説にするのである。

「人は人とのつながりの間で生きる。」安積さんが「人生のモットー」とする言葉。私自身も最近特にそう思うことが増えたように思う。

安積さんの本のプレゼンを聞いて、金滿里さんの『生きることのはじまり』を読んでみた。その後、安積さんの本のプレゼンをもう一度思い返した。思い返してどう感じたか。まずは、金さんも安積さんも、私とは全然違った人生を歩んでこられたことが実感された。それと同時に、異なる経験をしてきたはずなのに、大切にしていることに共通する部分のあることがなんだか嬉しかった。

私は、二〇一六年ごろに重度のうつ病を患った。直接の原因は職場でのハラスメントであったが、それに抗ったり耐えたりできないほどに、すでに心と体が弱っていたのだと思う。うつ病の症状はどんどん酷《ひど》くなり、最終的に二度も死にかけた。が、ひょんなことから回復の傾向を見せ始める。そのきっかけは、大学時代を過ごした札幌《さっぽろ》を妻と訪ねたことだった。今の私を構成した原体験の想い出が刻まれたまち。

私はこのまちで妻も含めて、いろいろな人に出会ったのだった。私の研究の、そして、人生の師匠である大学院の指導教員、山村高淑《たかよし》先生、私の初めての単著『n次創作観光』を企画から一緒に作って一緒に売って、今も時おり温泉やラーメンをご一緒する、堀直人さん、お気に入りの飲食店やカフェの店員さんたち……。

「人は人とのつながりの間で生きる。」悪いことも良いことも、人と人との間で起こる。『生きることのはじまり』に書かれていたように、一人の人間の中でも、善悪は入り混じっているわけだから、人間同士がかかわれば、良いことも悪いこともそりゃ起こる。

安積さんが挙げておられた、「相手への負担」「相手からの負担」そこに押しつぶされそうになるお気持ちが、とてもよくわかる。私自身、同様の部分があって、少し前は、やはりその部分が、私を辛くした。

私は今、四十歳だけれど、なんだかようやく「人とのつながり」を正面から捉えられるようになった気がしている。どうすれば、「負担」を感じずに他者とかかわり、他者と面白い社会を創り出せるのか。わかったのは、「好奇心」を中心に据えることの重要性だ。

他者と正面衝突すると、お互いに痛い。何かお互いが興味、関心を持てるものを間に置く。すると、他者とそれについて話し合うことができる。間に置くのは何でもいい。それは演劇かもしれないし、エッセイかもしれないし、研究かもしれないし、ボードゲーム、アニメ、映画、小説、サッカー、ダンス、なんでもいい。間に置いたものについて話し合うことは、間接的に、お互いの価値観を知ることにつながる。相手の考えを知ることにつながる。ともにアイデアを創り出すことにつながる。

　ほら、私は安積さんによる金さんの本のプレゼンを聞いたことで、こんなに遠くまで考えを進めてこられた。人との出会い、本との出会いが、自分を拡張する。これは実に楽しいことだし、実に尊いことです。「人は人とのつながりの間で生きる」。だから、やめられない。

from 小川公代 ▼▼ to 三宅香帆

　米原万里さんの『オリガ・モリソヴナの反語法』には、ソビエト時代にスターリンが行った政治的弾圧、強制収容や移送、連行など、とても過酷な状況に追い込まれるさまが描かれています。大人になって翻訳家になった語り手の日本人、志摩は、その時代に生きた音楽教師で、一流ダンサーでもあったオリガ・モリソヴナの半生を語ります。オリガは芸術を愛していた人間だからこそ、「国家からはいらない人間だとされ」てしまう。「むしろ反逆しそうだという理由から、過酷な目に遭わされる」という三宅さんの言葉が心にズーンと響いてきました。この小説を読めば、文化や芸術とは、あらゆる人間の尊さを表現するものであり、オリガがいかにダンスの芸術を慈しみ、その芸術に没頭する生徒たちを愛していたかが伝わってきます。政治的な弾圧のなかで、人々を支えたのも文化や芸術だったのではないでしょうか。

三宅さんの臨場感溢れる、素晴らしい紹介を聞いて、岡真理さんの『ガザに地下鉄が走る日』を思い出しました。今ガザ地区のパレスチナ人はイスラエル軍による激しい攻撃を受けています。また、二〇〇二年以降、イスラエルの封鎖政策によってパレスチナ人の住民と外界とを文字通りこの壁で分離する「分離壁」が建設されました。こういうことから、ガザは「天井のない監獄」とも呼ばれ、パレスチナ人たちが自由に移動することが制限されていま す。

岡さんは、二〇一八年八月九日にイスラエルによってガザが爆撃されたとき、ビーチ難民キャンプにあるサイード・アル＝ミスハール文化センターも標的にされたことを思い出しています。ハマースがここで活動していたから、というのがイスラエル軍のセンター攻撃の理由だったそうですが、岡さんは、軍はハマースではなく、ガザの芸術文化活動の一大拠点を狙っていたといいます。命を絶つ者たちが多くいるガザで、「《芸術》というものが、どれほど彼、彼女らを支える力の源、糧であることか」ということを理解した上での攻撃だったというのです。

「（サイード・アル＝ミスハール文化）センターがガザのアーティスティックな活動の拠点であり、人間をただ生きているだけの命に還元してしまおうとする完全封鎖の暴力のなかで、アートというものが、それでもなお人々を深く《人間》たらしめる魂の糧であること」を彼らはよく知っていたのでしょう。このように、岡さんも、米原さんと同じように、かけがえない役割を担う芸術について語っています。

わたしたちは、ダンス、音楽、言葉、絵の芸術などから何を学ぶでしょうか。岡さんは、人間をただ生きているだけの命に還元し、人権を奪われることを「非人間（ノーマン＝No

Man)」化と言います。自国の芸術だけでなく、他国の芸術を学ぶことで、より普遍的な人間の尊厳について考えることができるのではないでしょうか。『オリガ・モリソヴナの反語法』の読書、そして三宅さんのプレゼンから、そのようなことを考えました。

from
田中健一
▼▼
to
宮崎智之

宮崎智之さんが紹介されていた、さくらももこ『ひとりずもう』(集英社文庫)を読んでみました。

宮崎さんも触れられていましたが、さくらさんの作文が「エッセイ風のこの文体は、とても高校生の書いたものとは思えない。清少納言が現代に来て書いたようだ」と先生から大絶賛され、このことが誰もが知る名作漫画『ちびまる子ちゃん』につながっていく――ここに私は言葉が持つ力の偉大さ、素晴らしさを感じます。

このエピソードを読んで思い出したことがあります。中学生の時に通っていた塾主催の夏合宿でのことです。朝から晩まで勉強、勉強、勉強で、確か三日目の数学の授業中に居眠りをしてしまいました。こっくり、こっくりと今にも机に頭をぶつけそうになっていた時に、S先生の甲高い叫び声でいっぺんに目が覚めました。

「田中君！　いつもの冴《さ》えがありませんよ！」

この時の私はたぶん気味が悪いくらいにニヤニヤしていました。なぜだかわかりますか？（そうか、いつもの俺《おれ》は冴えているのか。いつもの俺は頭がいいのか。いつもの俺は天才なのか）とS先生の叱責《しっせき》を超ポジティブに受け止めたからです。この言葉のおかげで自己肯定感が爆上がりし、自信が深まった私はさらに成績が上がり、志望校に合格することができました。

ここまで、言葉が持つポジティブな力について述べてきました。その一方で言葉にはネガティブな側面があることも否定できません。その代表例が「悪口」や「ヘイトスピーチ」です。

例えば、誰かが私に「このハゲが！」と言ったとします。私は深く傷つきます。強く抗議し、謝罪を求め、場合によっては訴えるかもしれません。しかし、この発言者は「悪口のつもりはない。単に事実を言っただけだ。本当のことを言って何が悪い」と開き直る可能性があります。

それでもやっぱり「このハゲが！」は悪口なのです。「この○○が！」という構文は他者を罵倒する時にしか使われないのです。このように文法・語法的に発話者の真意を特定する方法は、ヘイトスピーチに関する勉強会で和泉悠先生から教わりました。興味を持った方は和泉先生のご著書『悪口ってなんだろう』（ちくまプリマー新書）と『悪い言語哲学入門』（ちくま新書）を読んでみてください。

私たちは今、ヘイトスピーチを撒《ま》き散らす政治家が議員辞職もせず、所属する政党から処分されることもない、大変残念な社会で暮らしています。これが日本の現実です。言葉は人を幸せにすることもあれば不幸せにすることもあります。私は若い皆さんが言葉の力でこの社会を良くしていくことを願っていますし、私も微力ながら自分にできることを続けていこうと思っています。

from
木村小夜
▼▼
to
小川貴也

〈中心〉と〈周辺（周縁）〉。この構図は大変わかりやすく、私たちは折に触れてこうしたものの見方や説明に馴《な》らされてきました。高校までで学ぶさまざまな分野の知識も、大半はまさにその〈中心〉部分。もちろん、基礎を知らないと応用には入れず、時間の制約もあり、ある程度やむを得ません。小川貴也さんも、基礎的な文法知識があればこの本も読み進められる、とおっしゃっています。基礎を知ればその先に行ける、そして〈中心〉と思われるものは果たして本当に中心にあって〈周辺〉を従えているのか、という根本的な疑問にもまた行き当たることができます。

紹介された『複数の日本語――方言からはじめる言語学』は、文法理論から見た日本の方言のさまざまなありかたを通して、高校までで学ぶ言葉の用い方の、さらにその先に広がる世界を垣間見せてくれる、言語学研究への道案内。読み進むにつれ、学校で学ぶ国文法のイメージがまず変容し、それ自体が「中心化」されていたことに気づきます。そして、標準語＝〈中心〉VS.方言＝〈周辺〉という考え方では説明できないことが、さまざまな方言の例によって具体的に明らかになります。例えばある地域では、方言の方がむしろ、日本の〈標準語〉になく世界の諸言語にある用法を持っているそうですね。方言も、それを解明する言語学も、奥が深い！

この本の「おわりに」にも書いてありますが、言語学は数学にも似て基本概念の理解が必要ですから、聞き慣れない用語も出てくるし、丁寧な調査も必要だし、なかなか大変な研究です。ただ、言葉という対象そのものは私たちが普段用いるものなので、それについて考える局面はわかりやすく、近づきやすい。「その言い回し、私の地域では少しニュアンス違うな……」とか考えながら参加できそう。読む側の言語背景によって、気づくこともまたさまざまであるはずです。

ここでちょっと私のプレゼンに引きつけさせてもらいますが、戦中の太宰治が翻案対象として選んだのは、お伽噺や井原西鶴《さいかく》の作品。これらは、既成の文学史ではむしろ〈周辺〉に位置するものでした。しかし、国民皆が同じ価値観で生きることを強いられたこの時代は、「伝統」や「日本人」が強調され、極度に〈周辺〉が排除された時代でもあったのです。すると、太宰の選択には何らかの意図があったのでしょうか。そもそも文学史の〈中心〉と〈周辺〉もまた〝創られた〟ものなのです。

この本で展開される言語の世界の多様性は網の目のようにも思え、確かに全貌《ぜんぼう》が摑《つか》みにくいかもしれません。〈中心〉と〈周辺〉がある世界観の方が、理解は楽なのです。しかし、実際はそうではないという現実を、本書を読むことを通して知っておけば、小川さんのご指摘通り、「中心化」の危うさや逆にそれが隠蔽《いんぺい》される状況に対しても、ん？　と感じとることができる。一つしか知らないままその一つを持論とするよりも、三つ、五つ知っている方が人はだまされにくい。同時に、関心を持てるものが何か一つあれば、他の領域にも同じ広さと深さがあることを想像できる。それが何かを「知る」ということの価値なのでしょう。

from 仲町六絵

▼▼

to 御手洗靖大

『小倉百人一首』に収められている、とある和歌を自分の小説に登場させました。今年の初夏のことです。

花誘ふ　嵐《あらし》の庭の　雪ならで　ふりゆくものは　我が身なりけり　（入道前太政大臣）

花を誘うように嵐が吹き荒れる庭で、花は雪のように降りゆく。いいや、ふりゆくのは花ではない。私の身が古りゆくのだ。老いてゆくのだ。
言葉を補って現代語に訳してみると、こんなところでしょうか。

この和歌の「ふりゆく」には、花が「降りゆく」と作者の身が「古りゆく」、二つの意味があります。同音異義語を用いた和歌の修辞法、掛詞です。

作者の入道前太政大臣は西園寺《さいおんじ》公経《きんつね》といって、平安時代の末から鎌倉時代の初期にかけて生きた人です。「入道」とあるので晩年は出家して仏道に入った——お坊さんになったことが分かりますが、激動の時代を生き延びた権力者でもあります。

この和歌を小説の大事なシーンに織りこんで次の原稿に着手した頃、御手洗さんのプレゼンを拝聴。驚いたことに、御手洗さんの挙げた和歌も第一句が「花誘ふ」ではありませんか。比良山脈から琵琶湖の湖面まで包摂する、壮大なスケールの和歌でしたね。

それにしても面白い偶然でした。

さて、ここで御手洗さんがプレゼンで示しておられた、区切ってから訳す方法を試してみましょう。人の道具を貸してもらうみたいで、ちょっと緊張します。

　花を誘う／嵐が吹く庭の／雪（と化した花）ではなく／

ふりゆくものは／我が身であることだなあ

区切って訳してみると、ゆっくり和歌を味わえる気がします。

そして、「降りゆく」と「古りゆく」には意味の違いだけでなく持続時間の違いもあると気づきました。

花吹雪はやがてやむけれど、我が身はその後もどんどん時を経て変化していくのです。背が伸びたり、老化の兆候が現れたり、新しいことを学んでそれまでと違うアウトプットができたり、良いことも悪いことも引っくるめて、人の体と心は時間の中を止まらずに突き進んでゆかねばならないのです。

最初は、花・庭・雪という美しい言葉の羅列と、「降る」と「古る」の掛詞が技術的に面白いと思ったのですが、区切って訳してみると、生きる者にとって避けられない問題である、時間との対峙《たいじ》――柔らかく表現すれば時間との共生――を感じました。

区切って訳す方法を他の和歌にも試してみたくて、私はうずうずしています。知識は喜びにつながりますね。

知識と喜びと言えば、御手洗さんがプレゼンしてくださった『和歌文学の基礎知識』も、脳が「美《お》味《い》しい」と騒ぎだします。一度に読むと刺激が強すぎるので、少しずつ読み進めています。著者の谷先生が和歌を大好きなのが伝わってくる文章で、それはもう私にとってはエキサイティングな本です。

最後に、『和歌文学の基礎知識』に載っている藤原良経の和歌を一つ紹介します。

見し秋を　何に残さむ　草の原　ひとつに変はる　野辺の気色に

見た秋を何に残そうか、という作者の意志が、秋と冬をつないでいます。この和歌もまた、人間と時間の共生を表現しているのかもしれませんね。この和歌が発表された時の貴族たちの反応を谷先生が生き生きと書いておられるので、ぜひ読んでみてください。

from

向坂くじら

▼▼

to

木村哲也

木村哲也さんのプレゼンを聞いているあいだ、頭のなかにずっとひとつの問いがぐるぐる回っていました。書きのこすとは、どういうことなのだろう、ということです。実は、わたしも国立ハンセン病資料館に伺ったことがあります。展示「ハンセン病文学の新生面『いのちの芽』の詩人たち」もすばらしかったのですが、常設展で紹介されていたある本の一節もまた、どうしても忘れられません。わたしもご紹介してもいいでしょうか。

「傷が飯を食う」といい、体中の傷口からたえずにじみでる汁は、いくらきたなくても人間のいちばん大切なものであり、どれほど餓《う》えさせ、疲れさせたか知れない。

（大竹章『無菌地帯——らい予防法の真実とは』二〇六頁）

こんなにもすさまじい一文があるでしょうか。「傷」というものに、「人間のいちばん大切なもの」という新しい視点を与えるような文でありながら、しかしそのことが単に現実を言い換えるだけでは終わらず、むしろなおさらに「傷」が現実に持っていた壮絶さを知らしめているように思います。ふつうは嫌われる「傷」こそがしかし、「人間のいちばん大切なもの」であり、しかしそうであるからこそ、人間を「餓えさせ、疲れさせ」るのです。

わたしは、この文章が展示されたパネルの前を、しばらく離れることができませんでした。書かれたことを自分が生きたわけではないけれど、しかしそのことはほんとうにあったのだ、と、深く知らされたと思いました。

そして『いのちの芽』の詩にも、それと同じ力を感じます。詩を書いたひとりひとりが現実に生きていたのだ、と、詩が知らせてくれます。文字にしてみると当たり前に思えてしまいそうなことですが、しかし自分ではない誰かがほんとうに生きていたのだと知ることは、本来とても難しいことなんじゃないでしょうか。

詩というのは、ふしぎです。この世界には、多くの人には想像しがたいことであっても、あるひとりにとってはまぎれもなく現実である、ということがあるようです。「指よ／芽ばえよ」という森春樹の身体感覚や、中石としおが見た「金魚」の淋しさ、谺雄二が確かに受けとった鬼瓦の「危険信号」は、一見ただの空想、心のなかだけのできごととも読めそうです。けれど詩というかたちを通すことで、わたしたちはそれをあくまでほんとうのこととして受け取り、想像することができる気がします。

そして、わたしにはそれが、とてもうれしいことに思えます。書きのこされたものを通して、そうでなければ知ることのできなかったであろう現実と、こうして出会えることが。それも、たったひとりの現実と。木村哲也さんのいう「出会われるべき詩」とはすなわち、「出会われるべきある現実」であることが、読むわたしをこの上なく力づけてくれるのです。

from 小川貴也 ▼▼ to 田中健一

田中健一さんはプレゼンの中で「本なんて好きなものを好きなように読めばいいじゃない

か」と述べていました。では「好きなものを好きなように読」む機会を得るにはどうしたらよいか。このことについて中学・高校の教員という立場から話してみたいと思います。

私は学校での勉強を、好きなものに出会うきっかけの一つだと考えています。しばしば、「漢文や文学、三角関数など学校でやるような勉強は社会では役に立たない」という意見を見かけることがあります。これに対して私は、学校を出たらやらないようなことに取り組むことも、学校に通うことの大きな意味ではないかと考えています。それがかえって、予期しなかった出会いをもたらすこともあるのではないでしょうか。

さて、好きなものに出会うためには多くのアンテナが、向き合うためには基礎体力が必要です。このことについて田中さんの紹介された本に関連させながら説明していきましょう。

和文脈は叙情的、漢文脈は論弁的、欧文脈は分析的と言われることがありますが、日本では昔から場面や目的によってさまざまな文体が使い分けられ、明治時代から太平洋戦争末ごろは主に法律や論説文で文語文という漢文のような文体が用いられていました。異なる文脈の文章が読めるとアンテナが増えるのはもちろん、同じ物事に対して違った角度からも考えられるようになると言えるでしょう。つまり好きなものに出会える可能性も上がるということです。アンテナを増やしてくれるものは当然、漢文など学校での勉強に限ったものではありませんが、学校で扱う教科の多くは体系的にアンテナを増やす近道であり、一方でそれこそ学校を出たらやらない可能性の高いものです。

好きなものと出会えたら、それと向き合う基礎体力が必要となります。手に取ってもらえれば分かりますが、『漢文名文選』は高校の漢文教科書のような構成の本です。解説編という別冊に書き下し文や現代語訳、鑑賞が掲載されているとはいえ、簡単に読み進められる本ではありません。昨今、教科書の読めない子どもが増えているということが話題に上がることがありますが、実は教科書を読むというのは簡単なことではありません。問題集のように何を覚えればよいか、どのような順番で取り組んだらよいかといった丁寧な指示がないのですから。これは、通常の書籍にも同じことが言えます。ただ、このような時、田中さんが紹介していた「書き写す読書」や、学校でやらされるような音読、調べながらの精読といったさまざまな読み方を知っていたなら、きっと大きな力を発揮してくれるはずです。「学校の勉強は役に立たない」と決めつけてしまう前に、せっかく経験したものだからという気持ちで好きなものに向き合うために使ってみてもよいでしょう。

今回、学校を活用した「好きなものを好きなように読」む機会を得る方法について話してきましたが、これらの方法は当然学校以外でも経験できます。ぜひさまざまな場面や体験を通じて「好きな本」「好きなこと」に出会える機会を増やせるようになってください。

from

安積宇宙

to

渡辺祐真（スケザネ）

拝啓　渡辺祐真さま

素敵なご本をご紹介いただき、ありがとうございました。『博士の愛した数式』は、私の幼馴染《おさななじみ》が好きだった本で、タイトルは知っていたのですが、まだ読んだことがなくて、小川洋子さんの他の作品にも触れたことがなかったので、この機会に小川さんの文章に触れられたことをとても嬉しく思います。

たまに、読んでいて、今まで頭や心の中にあったけれど、言葉にならなかった「もや」のようなものが、すーっと晴れていくような文章に出会えることがあります。渡辺さんにご紹介いただいた小川さんの「物語の定義」も、まさにそんな文章でした。そして、今まで自分の気持ちや経験に言葉を与えてくれる文章や物語に、たくさん助けられてきたことを思い出しました。その中の一つに、『物語の役割』の中でも紹介されている『アンネの日記』があります。私が初めて『アンネの日記』を読んだのは、ちょうどアンネが日記を書いていた年と同じ頃の十五歳でした。私はその頃、原発事故を経験し、社会のあり方に疑問や不安を感じていました。だけれど、きっと、人の本質は良いものであり、物事はなんだって大丈夫になっていくだろうとも感じていました。だから、アンネの「じっさい自分でも不思議なのは、わたしがいまだに理想のすべてを捨て去ってはいないという事実です。（中略）いまでも信じているからです——たとえいやなことばかりでも、人間の本性はやっぱり善なのだということを。（一九四四年七月十五日）」という言葉を読んで、私の感じていることが書かれているように感じました。そして、私よりももっと厳しい状況の中にいた彼女が、自分と似たような考えを持っていると知って、自分の感じ方を肯定されたような気がしました。

物語の豊かさは、同じ物語を読んでも、受け取り方は一人ひとり違ってくるということにあるように思います。学校での勉強の多くは、何が「正しい答え」かを考えなければいけないような窮屈さを感じることがありましたが、物語はそういう窮屈さも超えて、自分の考え方や感じ方を豊かにしてくれるように思います。なぜなら、物語を読んで湧いてくる気持ちの多くは、正しさという価値観では測れないからです（残念ながら悪意があったり、デマを流すような物語や文章もあって、そういう言葉は、きちんと正されなければいけませんが）。

私は、物語の受け取り手としての自分の役割は、物語を読んで感じた気持ち、浮かんできたさまざまな想像を大切にすることなのではないかと思います。とても悲しいことに、アンネは日記を書いた後にナチスによる虐殺の中で殺されてしまいました。だけど、日記を読んだ私は彼女の人を信じる心を受け継ぎたいと感じました。それはまさに、アンネの「わたしの望みは、死んでからもなお生きつづけること！（一九四四年四月五日）」という願いを叶えることなのではないかと思います。そして、アンネの心を引き継ぐというのは、ユダヤ人であろうとも、パレスチナ人であろうとも、殺されていい人はいないと、行動することでもあると感じています。物語の役割を考えることで、物語を読む大切さを、改めて感じられました。ありがとうございました。

敬具

二〇二三年十一月十八日　安積宇宙

from

三宅香帆

▼▼

to

木村小夜

太宰治を読む時、私はいつも不思議な安心感を覚えます。それはつまり、「この人もちゃんと人生はひとりで生きるものだとわかっているんだ」という感覚で、それを実感するたび私はふわっと鳩尾《みぞおち》のあたりがあたたかくなる気がしています。

人は孤独だし、基本的にひとりで生きるもの（それは周りに人がいようといまいと変わらずに）だけど、孤独をわかってくれている他者がいるというその事実が、自分を救うことがあります。太宰治はきっと、たくさんの孤独な少年少女の夜を救ってきたのではないでしょうか。いや、みんなことさらに言わないだけで、大人になっても太宰治に救われているので

しょう。

性格の悲喜劇。――そのことを太宰も、そしてプレゼンをなさった木村小夜さんも、すごく丁寧に私たちへ教えてくれます。たしかにこの世に悪人はいない。だけど関係性のなかで、この人の前では悪人となってしまう、この人といると悲劇が起きてしまう、という相性がある。

私の好きなドラマに、渡辺あやという脚本家による「ロング・グッドバイ」というNHKドラマがあります。チャンドラーの同名小説を、それこそ「翻案」した作品です（「翻案」は、木村さんが太宰を語られるときのキーワードでしたね）。本作のなかに、こんな台詞《せりふ》が出てくるのです。

「嫌な女といることの何が嫌かって、自分まで嫌な女になるからよ」

そして彼女は主人公に伝えます。

「彼といた時だけは、あなたは好きな自分でいれたのね」

そうです、結局私たちは、対人関係のなかで自分なんてころころ変わっていくのです。

だからこそ自分でどういう人といたいか、どういう人といる時の自分でいたいか、を選ばなくちゃいけない。あるいは、この人といる自分はあんまり好きじゃない、と思うならば、勇気を持って相手との関係から離れなくてはならない。なんとも厳しい話ですね。でもその厳しさを、太宰治はわかっていて、だけどそんな寂しいこと決断したくないよとずっと思っていたのではないでしょうか。これは私の妄想ですが、彼の作品を読んでいると——お伽草紙にしろ走れメロスにしろ——そんなことを思います。

人生はひとりで生きるものです。たとえどんなに他人から影響を受けて、他人との関係によって自分がつくられたとしても、その結果としての自分はひとりで背負っていかなくてはいけない。「私はあいつに影響されて悪いことしたんです！」と叫んでも、悪いことをしたという事実だけが残る。他人はいつかいなくなる。

だけどその寂しさを、太宰治はわかってくれる。太宰治は、小説でその寂しさを掬い上げてくれる。

そのことに救われるから、私は太宰治の小説をやっぱり読み続けてしまうのですね。

from
宮崎智之
▼▼
to
藤本なほ子

はじめまして。宮崎智之と申します。藤本さんのプレゼンをお聞きして、小川てつオさんの『このようなやり方で300年の人生を生きていく［新版］あたいの沖縄旅日記』を初めて拝読しました。

僕はよくエッセイを書きますし、エッセイ集も出版しているのですが、実は「旅」や「旅行」は苦手なのです。おまけに、人と接するのも本当は得意ではありません。変化に対し極端に臆病《おくびょう》だから。人生はままならず、脆《もろ》くて壊れやすい。人間関係も同じだと思っています。そういった自分の弱さを誤魔化すために、アルコールに頼ったこともありました。

アルコールを飲むと「非日常」の感覚になれ、全能感に包まれて、いつもより大胆でオープンな自分でいられる（実際に、ある程度はその通りになりました）。しかし、次第にアルコールに溺《おぼ》れるようになり、コントロールを失って体を壊しました。今年、断酒して七年目になります。

『300年』を読み、小川さんの生き方に触れて励まされたと同時に、自分に何が足りなかったのかも見えてきたように思いました。藤本さんのプレゼンでもご指摘されていたとおり、小川さんは「見ること」に徹します。そうすると、美しいものばかりが眼《め》に入ってくるわけではありません。ずるかったり、だらしなかったり、情けなかったりする人間一人ひとりの固有な顔が見えてくる。ときには嫌な思いもするけど、ふと人の優しさに触れることもある。僕はそういった複雑性に耐えられなかった。人に対して反応はできても、応答することは苦手だった。でも、アルコールをやめ、『300年』を読んだ今は、自分なりの適切な距離感を見つけたうえで複雑性に身を晒《さら》すことにより、自分にも人にもそして周囲の環境にも変容をもたらしていくことの楽しさに気づけたように思います。

また、僕はある時期（おそらく十九歳頃）から、世界が以前のように美しく見えなくなった感覚を抱いていました。夏休みの朝に吸う空気、たなびく雲を飽きもせず眺めている時間、夕暮れ時の恍惚《こうこつ》と不安といったものに囲まれ、世界を直《じか》に受け止める感覚を失ったことが、とても寂しかった。それを取り戻すために、アルコールに頼った側面もありました。しかし、『３００年』を読んで、あらためて気づいたのは、「日常では、ありとあらゆる何もかもが起こっている」ということです。楽しいことも、つらいことも、切ないことも、すべてが起こっているのが日常です。

問題はそれを感受できるかどうか。小川さんの生き方には、全能感に囚《とら》われず、世界をそのままの有り様で感受するヒントが詰まっていました。最後に『３００年』で僕が一番好きな文章を引き、終えたいと思います。

> 船浮を離れる時、船浮は最高の瞬間をぼくに見せてくれたように思った。それくらい美しかった。デイゴをはじめ、たくさんの花々が咲き、土の道のわきではフクギが深い緑を添え、青緑の海に浮かぶ水色の船、空、言うことは何もない。

from 藤本なほ子 ▼▼ to 岡本健

岡本健さんの『鼻行類』のプレゼン、胸躍らせながら聞きました！　なにより素晴らしいと思ったのは、岡本さんのお話がただ『鼻行類』という一冊の面白さを伝えるものではなく、『鼻行類』が一つの（抜群に刺激的でよくできた）例であるような、さまざまな〝世界の面白がりかた〟へと、あの手この手で聞き手を導いてくれるものであるところ。

たとえば、まずＳＦ《サイエンスフィクション》。科学的な空想をふくらませ、虚構の世界をつくって〝面白がる〟文学。そしてその虚構性を通して、現実世界の姿や問題を照らしだす作品もたくさんある。一例を挙げるなら、カズオ・イシグロの『わたしを離さないで』。現代の私たちにとって切実な（でもたいていは深く考えずに日々を過ごしてしまっている）あるテーマをめぐって近未来の世界を仮想し、その中に生きる人の心の揺れや、自分の生のどうにもならなさを暗示的に描いていく。愉快な面白さではなく、すっきりした結論にも行き着かないけれど、この作品の中の時空間を経験したという深い余韻が残り、それとともにいま自分がいるこの現実がなにか異質なものに感じられてくる。仮想世界を〝面白がる〟ことの本質を示している作品だと思う。

次に、「はじめに」「あとがき」「解説」など書物のさまざまな周辺要素や、(複数の)翻訳書、解説本などの派生的な産物たちを〝面白がる〟こと。

岡本さんの書くとおり、『鼻行類』にはあとがきが四つもある。さらに「参考文献」は恐らくすべて架空のものだし、大まじめに「鼻行類名索引」が付いているのもくすっと笑える(これらは、読むのも面白いけれど、つくるほうも真剣に面白がっていると思う)。垂水《たるみ》雄二氏による「解説」も、この本の虚構の世界からちょっとだけ現実へとはみ出すような、「またがる」文章になっている。……そう、「本文」の周辺のものたちは、その本から他の本へ、また外の世界へとつながり、広がりをつくってくれる、いわば扉でもあるのだ。

三つめに、専門家が専門的知識を駆使してフィクションをつくり、〝面白がる〟学術的遊び。これに似た例に、「人をまず笑わせ、次に考えさせる」業績に贈られる「イグノーベル賞」がある。これはノーベル賞のパロディとして創設された賞だ。フィクションが対象というわけではないが、たとえば日本人の受賞例には「イヌ語翻訳機」の開発者に平和賞、「情熱的なキスが皮膚のアレルギー反応を減らす効果」を明らかにした医師に医学賞などがあり、「面白がり」と「真剣」をあわせ持ち、世界の見方をほんの少し（あるいは大胆に）変えてくれる営みに贈られている。

岡本さんのお話からいちばん考えさせられたのは、大切で、そして往々にして難しいのは〝面白がる〟ことよりも〝面白がろうと思う（思える）〟ことだということ。だから岡本さんのような、自分自身の「面白い！」に根ざした探究を積み重ね、「これはこういうふうに面白がれるよ！」と〝面白がりかた〟を伝えてくれる人は、とっても大事なのである。

おわりに――おわりではない「おわりに」

小池陽慈

いかがでしたでしょうか。第1部「本のプレゼン」、第2部の対談、第3部「つながる読書」――ここに語られたたくさんの言葉が、きっと、皆さんの胸に沁み込み、あるいは刻み込まれ、皆さんが、明日に向け、新たな一歩を踏み出すきっかけになったのではないか。私は、そう信じて疑いません。

だって、たとえば第1部のプレゼンターの皆さん、めっちゃ熱い……！

「この本を読んでほしい！」
「こうした読み方も試してほしい！」
「本を読むとこんなにすばらしいことが！」

そんな想いがほとばしっていましたよね。

プレゼンターを担当してくださった、安積宇宙さん、岡本健さん、小川公代さん、小川貴也さん、木村小夜さん、木村哲也さん、向坂くじらさん、田中健一さん、仲町六絵さん、藤本なほ子さん、御手洗靖大さん、三宅香帆さん、宮崎智之さん、渡辺祐真さん（五十音順）――私からも、心より御礼申し上げます。皆さん、本当にありがとうございました！

私は本書については、主に編集というかたちで携わりました。ですからプレゼンターの方々のお原稿に目を通し、あれやこれやとお願いするということをしてきたわけですが……正直、そうしたなかで、仕事にならなくなってしまうことがありました。しかも、かなりの頻度で。

なぜかって、それは、お預かりしたプレゼンターの方々のお原稿があまりにもすばらしく、さまざまな確認作業をしなくてはいけないはずなのに、ついつい一人の読者になって読みふけってしまうから。

「あー、わかる！」

「……なんて深い言葉なんだ……」

だなんて、いちいち感動しちゃって……。

だからやっぱり、きっと皆さんの心にも、プレゼンターの方々の言葉がたくさん響いたんじゃないかな、って、そう、確信しちゃうんですね。

あるいは、第2部の対談はどうだったでしょうか。

この対談、何日にもわけて行われたんですが、率直なことを言うと、私は、対談の時間が来るのが、少し――いや、かなり、怖かった。

だって、読書猿さんのお話の質がすこぶる高くて、しかも圧倒的な知識量、私なんかにきちんと応答することができるのか、って、もう、胃が痛くて痛くて……。

でも、本当に楽しかった。

勉強になったというのももちろんあるし、それに、第1部のプレゼンターの方々のお話を踏まえ、そこからさらに新たな話題や観点が導き出されるということに、とてつもない興奮を覚えたんですね。

すごくないですか？

誰かが書いた一冊の本。それを読んだプレゼンターの方が、感想やそこから喚起された思いをご自身の言葉で語る。それを聞いた読書猿さんや私が、各々の感想を抱く。そうしてその二人のやりとりのなかで、さらなる言葉や思考が紡がれていく。

私は、こうしたことこそ、本というものの持つ豊かさだと思うんです。

こうしたこと——つまり、同じ一冊の本から、さまざまな思いが、さまざまな言葉に乗せられて、織り成されていくこと。一冊の本や、あるいはその紹介に触発され、考えたり思ったりすることは、人によってそれぞれ違い、多様であるということ。そしてその多様な思いが、また交差し、絡み合い、新たな言葉を生み出していくということ。

こうしたありようこそが、〈本の素晴らしさ〉そのものである、と。

それを象徴するのが、第3部「つながる読書」ですよね。

第1部でプレゼンターの紹介した本を他のプレゼンターに読んでいただき、そして考えたことを、短い文章にまとめてもらったわけですが——やはり、プレゼンを担当した方との読みと、共通するところもあれば、また独自の思いや考えなども綴られている。そのうえで、互いの言葉が共鳴し、さらなる意味も生成されていく。

人は、互いに、異なる存在です。

だからこそ、同じ本を読んでも、違う反応や応答をする。

しかしそれは、決して人と人とがわかり合えない、断絶しているということではない。

なぜならその証拠に、一冊の本を分かち持つことで、私たちは、確かにつながっているのですから。共にし得る言葉も、生み出せているのですから。そうしてその網の目のなかには、もちろん、本書をお読みになった皆様も……!


さて、この「おわりに」ですが、実はタイトルとしてはちょっと嘘だったりします。なぜって、この後に、詩人の草野理恵子さんのエッセイが続くからです。

私はこの本を編集するにあたって、どうしても、草野さんのこのエッセイで本書を閉じたかったんですね。

どうして私がそうしたかったのか。

それはぜひ、草野さんのエッセイを読んで皆さんで考えてみてください。

それでは、草野理恵子さんご寄稿の「どこにでも落ちているいいものはなーんだ?」です。皆さん、ページをおめくりください。

特別寄稿

どこにでも落ちている いいものはなーんだ？

草野《くさの》理《り》恵子《えこ》（詩人）

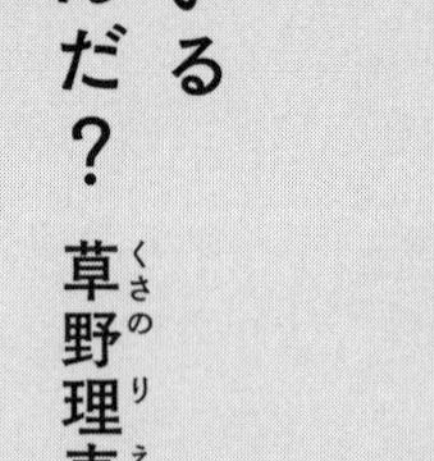

こんにちは。私は草野理恵子です。毎日、最重度の知的障害の息子と、「おかあさんといっしょ」の歌を歌ったり、詩っぽいものを書いたりお話を作ったりして暮らしています。そしてそれをX（旧Twitter）に載せたりして過ごしています。

息子が生まれてから、息子のてんかん発作（ドラベ症候群という難治性の疾病です）にハラハラドキドキで、生きた心地がしなかったのですが、いま息子も大人になって大きくなっててんかん発作が落ち着き、私は毎日たくさんの空想ができてそれを文章にして、とても楽しく暮らしています。

さて、今回の企画は「十代に本のプレゼンをする」というコンセプトだとお聞きしました。私はそれをお聞きして、まずこれは私のできることではないと思いました。なぜって、私は本を読むことがとても苦手なんです。

そうですね。小さな頃は私もちゃんと本を読んでいました。私は父の仕事の関係で二歳から十二歳までの十年間、北海道にある水族館の中で暮らしていました。水族館は人里離れた場所にあったので、近くには友達がいなくて魚と動物と本が友達でした。なので、小さな頃は少年少女世界名作全集が届くのが楽しみで、たくさん本を読んでいました。

ですが、年齢が上がるにつれて本を読み通すのが難しくなってしまったのです。なぜかというと、本を読むとその一行から、その一言からイメージがわいてしまい別のお話を自分で作ってしまうのです。そして短いお話を書きとめ、また本に戻ります。本を読み終わるのにとても長い時間がかかってしまい、また本の内容と私の空想が混ざってしまってどんなお話だったのか分からなくなってしまうのです。思えば映画を観た時もそうだなぁって思います。好きな一場面だけ覚えていてそこから空想したことを覚えていてあらすじや結末はほとんど覚えていません。

なので、自信をもって「この本！　素晴らしいのでおすすめ！」って言えなくて、この企画に誘っていただいたとき、私は、お断りをしたのです。

そこからずいぶん日にちが経って小池さんが言ってくださったのです。びっくりしますよ。いいですか。これは小池さんが言ってくださったことですよ。

〈「本を読んでいると物語を創ってしまう」というお話を聞いて「なんて素晴らしいんだ！」と感動しました。私自身にも、そうした経験は多々あります。勉強のため、何かの利益のためではなく、純粋に物語を楽しむための読書として、こんなに楽しいことはそうそうないはずです。〉（要旨）

私はね、心底驚きました。本をちゃんと読むにはどうしたらいいんだろうって思っていました。あ～ぁ、自分はちゃんと読めていないなぁ。これじゃ作者にもうしわけない。みんながたくさんいろんな本を読んで賢くて立派で、私なんかちゃんと読めなくて作者の気持ちもわからなくて全く無知で恥ずかしいなぁってずっと思っていました。そうしたら教えてくれたんです。「それでいいんだよ」って。びっくりした？　私も「えっ？」って思いました。途中で脱線しながら読んでも全然いいんだよって。楽しく読むのが一番で、正しい読み方なんてないんだよって。私はとても年を取っているけど、今までそう言ってくれる人はいなかったのです。だから、そのことを皆に伝えようって思っていまこれを書いています。

何だ、そんなことかって思うかもしれないけど、どこかで思い出してほしい。役に立つことばかりでなくていいんだよ。役に立つ立派な人間じゃないって思う時がきっと必ずあるけど、そんな時脱線してもいいんだよって（ほら、脱線した）。読書も（人生も？）自由に脱線してそこから自分の物語を作っていいんだよって話をするだけのために、私、ここに登場しました。じゃんじゃじゃーん！

では、記録したものがほとんどないのだけど、その一行を読んで何か想像して脱線したお話（詩）を載せてみますね。


西瓜《すいか》工場に近づくと、大桶《バット》で煮つめられている砂糖の甘い匂《にお》いがあたり一面にたちこめていた。（『西瓜糖の日々』リチャード・ブローティガン、七二頁）

これを読んだ日はクリスマスなので、甘く煮詰めているものって何かなって想像したよ。何かってクリスマスだから鳥の足だよね。じゃあ足じゃなくて腕にしてみようか。これはね人間の腕かもしれないんだ。鳥にもクリスマスのプレゼントをするためにごちそうを作ろう。私は身体の各部をばらばらにしてそれぞれに意思を持たせるのが好きなんだ。ひとつの身体はたくさんの部分の意思の総合でできていて、それぞれ人格さえも持っているように想像するのが好きなんだ。そこで、詩を書きました。

腕工場に近づくと
煮詰められている甘い匂いが立ち込めていた
急ごう
僕が走ると
君が後についた
仕事に遅刻してしまった
一年で一番大切な日なのに
腕に鳥がたかってしまったかもしれない
空はもう暗くなってしまった

森の中の彫刻に月の光が降り注いだ
ちょうど目の場所に当たり
眩《まぶ》しそうに細めた

彫刻はストローという名前だった
目のところに口を当て
大地の栄養を吸い取る
もちろん土の味がしたから
飲まないものも多かった
僕はその細めた目を見ると急に飲みたくなった

少し休もう
君に言った
いいの？　腕が鳥に食い荒らされてしまうよ
不安そうに答えた

いいよ
たまには鳥にもごちそうしよう
今日はクリスマスだから
僕たちは彫刻に口を当て土の味を吸った

もう一つ載せますね。

> 食事がすむと、フレッドが皿を洗うといった。ポーリーンはいいのよ、いいのよ、といったのだが、フレッドはどんどん食卓を片づけ始め、じぶんの意志を通した。（前掲書、三四頁）

私の夫は私がお皿を洗っているといつも食器を拭《ふ》いてくれるよ。仕事でとても忙しいのに拭こうとするから、いいよ、いいよと言うよ。それでも拭いて片づけてくれる。食器を洗いながら目をあげると、キッチンカウンターにレモンが置いてある。買って冷蔵庫に入れるのを忘れそのままになっていたんだ。するとまた物語ができました。

食事がすむと彼が皿を洗うと言った
ありがとうと答えた
彼はレモンイエローの白衣を着た
レモンイエローなのに白衣って言うのおかしいね
すると彼は黙って出ていった
彼はそういうところがある
怒ったわけじゃなく何かを思いついたんだと思う
そしていなくなった

年老いて家も古くなった
私はそのまま一人で暮らしていた
家にあるレモン色のものを全部捨てて

ドアがガタガタと揺れ
ただいまと彼が言った
レモンイエローの白衣が煤《すす》け白衣っぽくなっていた
遅かったのねと言うと
遅かった本当にと答えた
遅かった本当に白衣になるくらい
彼は白衣のポケットから白いたんぽぽを出した
その後薄い卵色の蒸しパンを出し
ちぎって私の口に入れた
彼にはそういうところがある

たんぽぽと蒸しパンおんなじ色だねと言おうとして
最後の方が言えなかった
口に入った涙で押し流した
彼は蒸しパンで私の涙と口を拭いた

指が唇に触れ
またたきのような鮮やかな黄色い鳥が通り過ぎた

こんなふうに読んだ文章とその時目に入ったもの、日常のあれこれが混在して短いお話（おはな詩(笑)）を書いて投稿したりしています。

あと、知的障害のある息子（耕也《こうや》）と寝る前に思いついた言葉でお話を作って寝るのでそのこともおまけで載せます。

私▼じゃあね。とおくのとおくのとおくーで、こうやをじっとみているもの。なーんだ？
耕▼かっぷのミルク
私▼いいねいいね。なんでそんないいの思いつくの！　あったりー！　カップのミルクさんはこうやをじっと見て何を思っているのかな？
耕▼しーだね。

私▼そうだね。もう夜も遅いからシーだよね。静かにね。カップのミルクさんも寝るのかなあ？

耕▼かっぱっぱ。

私▼そうだね。カップだからカッパだよね。似てるね。カップさんとカッパさんは二人並んで静かにこうやを見ていました。

耕▼ゆうれい
私▼ゆうれいさんもやって来て三人並んで遠くの遠くの遠くから「シーだね」と言いながらこうやをみていました。

耕▼しあわせ。

私▼「しーだね」と言っていると「し」が「しあわせのし」と同じだと気がつきました。三人はなんてしあわせなのだろうかと思いました。こうやもしあわせでしあわせで……おやすみなさい zzz

最後に一言（一言以上だー）

ヘンリー・ダーガーという人を知っているかな？　もし知らなかったらちらっと

調べてみてね。一八九二年生まれの彼は生涯孤独でたった一人で誰にも知られることもなく物語を約六十年間作り続け、膨大な量の作品と挿絵を残して死んだんだ。発表することも無くね。彼は病院掃除人としての仕事の帰り、捨てられた古い雑誌を拾ってそこから写真や絵をコラージュし転写し物語を作った。私は彼のように拾ったもので物語を作りたいといつも思う。

どこにでも落ちているいいものはなーんだ？　それは物語の一片。誰でも拾って続きを書いていい素敵な落とし物。道端にも、ごみの中にも、小説の中にも、みんなの心の中にも落ちている。いっぱい。

絵・草野耕也

プレゼンター紹介

01

三宅香帆

1994年—。書評家・評論家。高知県出身。大学院在学中に『人生を狂わす名著50』でデビュー。批評・エッセイ・インタビュー等の執筆や、文章の書き方や小説の読み方を伝える教育活動を行っている。

02

宮崎智之

1982年—。ライター・エッセイスト・文芸評論家・ラジオパーソナリティ。東京都生まれ。日常をテーマにした随筆・カルチャー・書評・文芸評論・詩論のほか、アルコール依存症関連の原稿なども執筆している。

03

安積宇宙

1996年—。研究者。東京都生まれ。車椅子を使って生活をしている。現在はニュージーランド在住で、障碍分野を専門とするドナルド・ビーズリー研究所で働いている。

04

藤本なほ子

編集者・美術家。辞典・一般書籍の編集を手がける一方、現代美術の領域で、言葉をテーマにした作品の制作を続けている。

05

小川公代

1972年—。英文学者。和歌山県生まれ。上智大学外国語学部教授。専門は、イギリスを中心とする近代小説、医学史。ケアの倫理やジェンダーに関する著作も話題を呼んでいる。

06

田中健一

1976年—。予備校講師。愛知県生まれ。現在は大手予備校で英語を担当しているが、これまでには数学や物理、世界史や倫理などの指導歴がある。参考書を執筆する一方、オンラインで幅広い世代の英語学習者へ学習法を発信している。

07

木村哲也

1971年—。国立ハンセン病資料館学芸員。高知県生まれ。民俗学・日本近現代史・公衆衛生看護・ハンセン病文学を研究。詩人・大江満雄との出会いをきっかけに、全国各地のハンセン病療養所を取材している。

08

御手洗靖大

1994年—。早稲田大学大学院文学研究科博士後期課程。専門は平安期を中心とする和歌文学。短歌（心の花）、和歌（冷泉家）の実作者。

プレゼンター紹介

09
小川貴也

1984年—。中高教員。千葉県生まれ。実践女子学園中学校高等学校国語科教諭。史学科卒業後、民間企業勤務をしながら日本文学科に学士入学。卒業後現職に就く。

10
渡辺祐真（スケザネ）

1992年—。書評家。東京都生まれ。2020年に書評系YouTubeチャンネルを開設して以来、書評家として多方面に活動を展開している。

11
木村小夜

1963年—。国文学研究者。京都府出身。福井県立大学学術教養センター教授。近代日本文学、特に太宰治の作品を中心に研究している。

12
仲町六絵

1977年—。小説家。愛知県生まれ。歌人としても活動。『からくさ図書館来客簿』『おとなりの晴明さん』シリーズなど、日本の歴史に取材したファンタジー作品を発表している。2023年に放送大学大学院修士課程を修了。

13

岡本健

1983年―。近畿大学准教授。総合社会学部／情報学研究所。博士（観光学）。VTuber「ゾンビ先生」。著作に『アニメ聖地巡礼の観光社会学』『大学で学ぶゾンビ学』『巡礼ビジネス』『ゆるレポ』などがある。

14

向坂くじら

1994年―。詩人・「国語教室ことぱ舎」代表。愛知県生まれ。詩や書評、エッセイの創作活動の傍ら、詩の朗読ライブ、ワークショップ、そして、小学生から大学受験生までを対象にした国語専門の教室も運営している。

コラム／対談

読書猿

独学者・著述家。『独学大全』『問題解決大全』『アイデア大全』など、ベストセラーを生み出し続けている。『文章大全』を執筆中。『現代文解釈の基礎』など、埋もれていた絶版本に光を当て復刊を支援する活動も行っている。

特別寄稿

草野理恵子

1958年―。詩人。北海道生まれ。詩集『パリンプセスト』『黄色い木馬／レタス』『世界の終わりの日』『有毒植物詩図鑑』『有毒植物詩の花束』など。詩を毎日書いている。

ちくまプリマー新書

230
生き抜く力を身につける
——〈中学生からの大学講義〉5
大澤真幸／北田暁大／多木浩二／宮沢章夫／阿形清和／鵜飼哲／西谷修
いくらでも選択肢のあるこの社会で、私たちは息苦しさを感じている。既存の枠組みを超えてきた先人達から、見取り図のない時代を生きるサバイバル技術を学ぼう！

305
学ぶということ
——続・中学生からの大学講義1
桐光学園＋ちくまプリマー新書編集部編
受験突破だけが目標じゃない。学び、考え続ければ重い扉が開くこともある。変化の激しい時代を生きる若い人たちへ、先達が伝える、これからの学びかた・考えかた。

306
歴史の読みかた
——続・中学生からの大学講義2
桐光学園＋ちくまプリマー新書編集部編
人類の長い歩みには、「これから」を学ぶヒントがいっぱいつまっている。その読み解きかたを先達に学び、君たち自身の手で未来をつくっていこう！

307
創造するということ
——続・中学生からの大学講義3
桐光学園＋ちくまプリマー新書編集部編
技術やネットワークが進化した今、一人でも様々なことができるようになってきた。新しい価値観を創る力を身につけて、自由な発想で一歩を踏み出そう。

002
先生はえらい
内田樹
「先生はえらい」のです。たとえ何ひとつ教えてくれなくても。「えらい」と思いさえすれば学びの道はひらかれる。——だれもが幸福になれる、常識やぶりの教育論。

285 人生を豊かにする学び方　汐見稔幸
社会が急速に変化している今、学校で言われた通りに勉強するだけでは個人の「学び」は育ちません。本当の「学び」とは何か。自分の未来を自由にするための一冊。

304 あなただけの人生をどう生きるか——若い人たちに遺した言葉　渡辺和子
数々のベストセラーを世に贈った修道女にして、伝説の教育者。大学学長時代、入学・卒業式で学生たちに語った魂を揺さぶる言葉を精選した新篇名講演集。

339 若い人のための10冊の本　小林康夫
本とは、世界の秘密へと通じる扉の鍵を、私たちに与えてくれるもの。いったいどんな読書をすれば、そこに辿りつけるのか？　あなただけにこっそり教えます。

383 学校の役割ってなんだろう　中澤渉
忙しすぎる教員、授業への不満、役に立つ教育の要望。学校の様々な課題の背景を理解するために、あらためて学校はなぜあるのか、そして社会との関係を問いなおす。

401 学校はなぜ退屈でなぜ大切なのか　広田照幸
「道徳は教えられるか」「学校の勉強は仕事に役立つか」「教育は格差を解消できるか」「ＡＩ社会で教育は変わるか」——広い視点と多様な角度からとらえなおす。

ちくまプリマー新書

419
小さなまちの奇跡の図書館
猪谷千香
さびれつつあった九州南端の図書館はどのようにして日本で最も注目されるようになったのか？　鹿児島県指宿市の図書館を変えた地元女性たちの大奮闘の物語。

424
偏差値45からの大学の選び方
山内太地
「有名大に行きたい」と思うけれど、合格するのは上位数％だけ。だから重要なのは「第2志望」の選び方を知ること。足りないのは努力でもお金でもなく情報だ！

431
大学マップ
特色・進路・強みから見つけよう！
小林哲夫
偏差値、知名度に左右されず、あなたにあった大学を探してみよう。進路、研究、課外活動など、テーマ別に大学をマッピングすると意外な大学に出会える可能性大！

001
ちゃんと話すための敬語の本
橋本治
敬語ってむずかしいよね。でも、その歴史や成り立ちがわかれば、いつのまにか大人の言葉が身についていく。これさえ読めば、もう敬語なんかこわくない！

151
伝わる文章の書き方教室
――書き換えトレーニング10講
飯間浩明
ことばの選び方や表現方法、論理構成をちょっと工夫するだけで、文章は一変する。ゲーム感覚の書き換えトレーニングを通じて、「伝わる」文章のコツを伝授する。

ちくまプリマー新書

160 図書館で調べる　高田高史

ネットで検索→解決の、ありきたりな調べものから脱出するには。図書館の達人が、基本から奥の手まで、あなたにしかできない「情報のひねり出し方」を伝授します。

191 ことばの発達の謎を解く　今井むつみ

単語も文法も知らない赤ちゃんが、なぜ母語を使いこなせるようになるのか。発達心理学、認知科学の視点から、思考の道具であることばを獲得するプロセスを描く。

221 たったひとつの「真実」なんてない　——メディアは何を伝えているのか？　森達也

今見ているものは現実の一部で、真実はひとつではない。でもメディアは最初から嘘なのだというのは間違い。大切なことは正しく見、聞き、そして考えること。

273 人はなぜ物語を求めるのか　千野帽子

人は人生に起こる様々なことに意味付けし物語として認識することなしには生きられません。それはどうしてなのか？　その仕組みは何だろうか？

280 高校図書館デイズ　——生徒と司書の本をめぐる語らい　成田康子

北海道・札幌南高校の図書館。そこを訪れる生徒たちが、本を介し司書の先生に問わず語りする。生徒の人数分だけある、それぞれの青春と本とのかけがえのない話。

ちくまプリマー新書 451

つながる読書《どくしょ》 10代《だい》に推《お》したいこの一冊《いっさつ》

二〇二四年三月一〇日 初版第一刷発行

編者 小池陽慈（こいけ・ようじ）

装幀 クラフト・エヴィング商會

発行者 喜入冬子

発行所 株式会社筑摩書房
東京都台東区蔵前二―五―三 〒一一一―八七五五
電話番号 〇三―五六八七―二六〇一（代表）

印刷・製本 株式会社精興社

ISBN978-4-480-68476-9 C0295 Printed in Japan